販売の一流、二流、三流

柴田昌孝

明日香出版社

はじめに

「販売の一流？」なんか、敷居が高そうな本だなー。


そんな風に思われて本書を手にされた方は、どうぞご安心ください。

本書は、敷居が高そうなブランドショップや、高級インポートショップの販売法が書かれているわけではありません。どんなショップの販売員にでも活用できる「売り方」が書かれています。


そもそも高級ブランド店だからといって、一流の販売ができる店員がいるとはかぎりません。

すごい売上を誇るからといって、一流販売員であるとも言えません。

売れない一流はいませんが、売れるだけでは一流とは言えないのです。

元メジャーリーガーのイチローさんやフィギュアスケート選手の羽生結弦さんが、一流であるということに異論を唱える方はいないと思います。しかし、ただ野球やスケートの成績がすごいだけだったら、一流と認めることができない方もいるはずです。

彼らは、ぶれないポリシーを持ち、そのポリシーと努力の下にすごい成果を出すから、「一流」と言われてきたのです。

これは、一流の定義が「単に成績」だけではないことを証明しています。

では、「一流の販売員」の定義とは何でしょう？

それは、**「売上」と「お客様満足」の両立**です。

不況と言われる昨今は、売上を上げることばかり考えている販売員が増えました。その結果、あまりに販売員がしつこくて、仕方なく買ったという苦言が、ネット上に星の数ほどあがっています。そんな、お客様の心情おかまいなしに、売上しか考えてない販売員を一流と言えるでしょうか？

また、コロナ不況以降は、「お客様満足」を強調する会社やお店が増えましたが、「売上がなくても、お客様が満足げだったらそれでいい」といった本末転倒な販売員が増えています。しかし、販売員である以上、売上は大切です。

前者のように売上ばかり考えている売上至上主義販売員も、後者のようにお客様満足があれば売上は二の次という販売員も、どちらも一流とは違うのです。

本来、売上とお客様満足は、相反するものではなく、同じものです。いや、正確に言えば、同一化させるべきものです。**「売上＝お客様満足」でなければなりません。**

お客様が「下見だけのつもりだったのに、買っちゃったわ」と笑って喜んで購入される。そこには、「売上」と「お客様の満足な顔」の両方がある。そんな**「最高の結末」に導ける販売員が、一流だと思います。**

さて、私は現在、店舗コンサルタントとして、接客や販売の講師や店長の指導、繁盛店作りの支援をしております。

元々は、大学卒業後、呉服業界1位の「やまと」に入社し、2000名の中のトップ販売員として活動していました。30歳のときに退職し、富山県の洋装店の家業を継ぎ、1店舗だけだったショップを10年で、42店舗、年商30億円、150名の専門店企業へと成長させました（残念ながら大病を患ったため、店舗事業は活動を停止しました）。

そして、経営の傍ら、35歳から講師業もはじめ、NTTドコモ、SHIBUYA109、ネッツトヨタ、ワールド、オンワード樫山、イオンモールなどの一流企業から、小さな街の路面店まで、大小さまざまな法人で販売研修を行ってきました。

そこで本書では、私の販売経験はもちろん、私がこれまで延べ何千人という元従業員を育成した経験や、延べ何万人という販売員に研修した経験から、一流販売員の心構え、技術、習慣を、余すことなくお伝えします。

近年、人材不足を理由に、お客様視点のない、にわか販売員が増えました。お客様が入店するとすぐに声をかける販売員、商品に手が触れるとすぐにすすめる販売員など、あげるときりがありません。

また、無表情、無関心、無反応な対応をする、立っているだけの警備員のような販売員も増えました。どちらも、三流です。

そんな販売員ばかりいるお店では、売上やお客様満足が達成できなくて当然です。

好景気であれば、二流、三流の販売員でも売れますが、不況になれば、二流、三流では売れなくなります。

しかし、どんな時代も一流だけは売れ続けます。当然、ネット販売が全盛になったとしても、一流はゆらぎません。

なぜなら、**一流の販売員は、常に「お客様の立場からすすめる」という販売の本質がぶれないからです。**

売れないのは、時代のせい、ネット販売のせいなどと言われますが、売れない本当の理由は、一流の販売員がいないことではないかと思います。

本書には、私の経験上、呉服やアパレルの事例が多く出てきますが、どの業種の販売にも当てはまる普遍的な一流の「売る本質」が書かれています。

時代と共に、売り方は変わっても、**「人は人を信頼して買う」**という購入心理は決して変わることはありません。今後、どんな時代になってもそれは一緒です。

本書の学びが、お客様満足を作り、売上を上げ、さらには、時代を生き抜く販売員の知恵となりますことを、心より願っております。

それでは、どうぞ、最後までお付き合いください。

ネサンス・コミュニケーションズ・クラブ　柴田 昌孝

販売の一流、二流、三流　もくじ

Chapter 1 一流の「心得」とは？

Chapter 2 一流の「アプローチ・雑談」とは？

Chapter 3 一流の「伝え方」とは？

Chapter 4
一流の「すすめ方」とは？

Chapter 5

一流の「クロージング」とは?

Chapter 6

一流の「印象作り」とは？

カバーデザイン：小口翔平（ｔｏｂｕｆｕｎｅ）
カバーイラスト：山崎真理子

Chapter 1

一流の「心得」とは？

売上とは

三流は、会社の職務だと考え、二流は、自分の評価だと考え、一流は、どのように考える？

「私はお客様満足を一番に考えたいのですが、会社からは、『売上、売上』と、お客様の満足度より売上が大事と言われているみたいで、正直、滅入っているんですが……」

現場に立つ販売員から、こんな相談をよくいただくようになりました。

ほとんどの相談者が、憂鬱《ゆううつ》そうに話をされます。

私は相談者が言っていることはよくわかるのですが、どうしても違和感を覚えてしまうのです。それはまるで「売上」と「お客様満足」がまったく別物のように話をされるからです。だから冒頭のような相談を受けた際、私は必ずこんな質問を返すようにしています。

「でも、あなたがこだわっている、お客様に喜んでもらったということを、実際に数字以外で証明するものって何かありますか？」

こう聞くと、たいてい「えーっと……」と口ごもってしまいます。

別に困らせようとしているわけではありません。**数字以外に、お客様の喜びを証明するものがない。**これが真実だからです。そして、これが売上に対する正しい考え方です。


販売員という仕事に就く方はたいてい「お客様に喜んでもらいたい」という、強い動機を持っています。ですが、具体的にどういうことがお客様に喜んでもらうことなのかを理解していない場合がほとんどです。

だから、「売上を上げろ」と求められると、「あれ、違うんじゃないか？」と思ってしまうのです。


では、お客様に喜んでもらうって、どういうことなのでしょうか？

ただ単に、「今日、ちょうど新作が入荷したんです。どうぞ、見ていってください」と案内して、ある程度したら、「新作いかがでしたか？　楽しんでいただけました？　また、いつでもお越しくださいませ」と言って、帰っていただくことですか？

買うのをためらっていたら、「でしたら、今日買うのをやめて少し考えてこられたらいかがですか？」と進言し、帰ってもらうことでしょうか？

私はそう思いません。

お店は展示会場ではないのですから、見てもらうことが目的ではないのです。悩んでいるお客様に、少し考えてこられたらいかがですかと、帰っていただくことがお客様の喜びになるとも思いません。

例外なくお客様は、買いたいから来店されるのです。としたならば、お客様の喜びは購入以外ないと思いませんか？

だからこそ一流は、お客様が満足した結果が売上になっていると考えています。

しかし、三流はノルマとして売上を考え、二流は自分の成績として売上を考えています。

売上があるからといって、一流ではないのです。決して、売れればいい、売上を上げればいいということではありません。

Road to Executive

一流は、お客様満足度の数値化だと考える

☑お客様が喜んでくれた買いものだけが売上

売ること

三流は、売ることに罪悪感を持ち、二流は、売ることに義務感を持ち、一流は、売ることに何を持っている？

「柴田さんは洋服屋の息子さんだから、商売のＤＮＡが流れていて売れるんですね」

販売という仕事に就いたあと、いつからかこう言われることが多くなりました。

私はその度に、「いや、それは関係ないです」と、強く否定し続けてきました。「商売屋のＤＮＡがあるから売れる」と言われているようで、すごく嫌悪感があったのです。

そもそも商売屋のＤＮＡってなんなんだって思いませんか？（笑）

商売屋のＤＮＡなんてものがあるなら、公務員のＤＮＡもあることになるし、農家のＤＮＡも、サラリーマンのＤＮＡだってあることになる。……ないでしょう、そんなものは。

私が20代に働いた呉服チェーン「やまと」には、たくさんの呉服屋の息子さんがいました。しかし、全員が全員、売れたわけではありません。商売屋で生まれ育っても、場の空気が読めない方はたくさんいました。

これは、すべての関西人がボケ・ツッコミをし、おもしろいわけじゃないのと一緒です。

ですが、私は1つだけ、商売屋の息子に生まれたからこそ身に付いたものがあると思っています。それは、気質とか、ＤＮＡとかそんな先天的なことではなくて、後天的な商売に対する考え方です。

どういうことかというと、小さい頃から親のする商売を見てきて、「売る」を肯定する考え方が自然と身に付いたということです。**売るという行為を肯定し、売りたいというモチベーションを維持する力**が早くから身に付いていたとでも言いましょうか。その点については、売れるという結果に影響を及ぼしていることは間違いありません。

ですから、売れる、売れないの差は、商売屋のＤＮＡではなくて、売ることに対する考え方なのです。

私が社長をしていたお店に、快活で気が利く女性が入社してきたときのことです。私は、この女性は相当売るなと見込んでいたのですが、どうも販売になると冴えない表情で作り笑いが多く、なかなか売れないでいました。そこである日ミーティングをしていると、彼女から「お客様におすすめするのに罪悪感がある」という言葉が出てきたのです。

私はそんな気持ちでお客様に接するのは逆に失礼であることと、買いたくないお客様は誰一人として入店しないことを伝えました。そして、もっと堂々とこの仕事をしなさいとアドバイスしたのです。その後彼女は、みるみるうちにファンのお客様を増やし、店長になって部下指導をするまでに成長したのです。

売るということへの考え方が違うだけで、これだけ結果が変わることに私もビックリしたのを覚えてます。

同じ言葉でお客様にすすめても、「罪悪感を持ってすすめるのか」「売らないといけないからすすめるのか」「誇りを思ってすすめるのか」によって、お客様の感じ方は天と地ほどの差があるのです。今、ものが売れない時代と言われていますが、罪悪感のある三流意識や、売らないといけない義務感の二流意識が、もしかしたら影響しているのかもしれません。売ることを肯定し誇りを持って堂々と接するからこそ、言葉はお客様の心に響き、お客様も不安なく買えるのです。

Road to Executive

一流は、売ることに誇りを持つ

☑ 売ることでお客様が幸せになると考える

売れないとき

三流は、自分のせいではないと言い訳し、二流は、自分が悪いと強く責め、一流は、どうする?

「お客様から『ここのお店は、ちょっと高いわね』と言われて、帰られてしまうんです」
「売れそうな商品が少なくて、売上につながらないんです」
「最近はネット販売に負けて、売れる気がしないんです」

これは、私がアパレル専門店の社長時代、売れていない店舗に出向いて、スタッフに「なんで、売れないんだと思う?」と聞いた際に返ってきた答えです。
「売れない理由」を聞いたはずでしたが、私には「売れないのは、私のせいではない」と言わんばかりの「売れない言い訳」にしか聞こえませんでした。

確かに不景気になると、努力しても売上につながらないことが増えます。そして、人は努力しても努力しても結果につながらなくなると、最終的には売れない理由を商品が良くない、値段が高い、ブランド力がない、スタッフが足りてない、全然人が歩いていない、コロナ不況で仕方ない、といったように「周りが悪い」という理由を付けてしまいます。

この言い訳のことを、心理学の世界では、**「自己都合の防衛規制」**と呼び、都合の悪いこと（この場合、売上未達成）から身を守るために、自分の都合のいいように解釈してしまうのです。

しかし、**仕事で失敗を受け入れずに責任転嫁しているようでは、いつまで経っても成長なんてできません。**

逆に、売れなかった理由を聞くと、「私に責任がある」と自分を強く責めるスタッフもいますが、自責もすぎると自分が病んでしまいます。真面目で責任感が強いスタッフに多く見られましたが、正直、売れない理由が100％販売員のせいであるわけがありません。

私は、**五分五分に自己責任を考えるのがベスト**だと思っています。

では、一流の販売員たちは、売れない理由をどう捉えているのでしょうか？

私の知りうる一流の販売員たちは、一時は悩むことがあったとしても、ネガティブなまま放置せず、マイナスなことを成長につなげていく思考をしています。

私はサッカーが好きで日本代表戦は必ず見るのですが、元日本代表の本田圭佑選手が試合で完敗したときに、次のようなことを言っていたのが心に残っています。

「この失敗に対して、他人のせいにもしないし、自分のせいにするつもりはない。失敗とは、成長だからだ」

すごく冷静だけど、深い言葉だと胸に刺さりました。

一流の販売員が売れないときの捉え方は、まさにこのような感じです。

失敗を他人のせいにしていては成長できません。自分を責め続ければ、いつか仕事が嫌になります。大切なのは、売れない事実を成長につなげる思考です。一流の販売員とは、売れなかった理由でさえ、売れるための「向上心」に変えていく人たちです。

Road to Executive

一流は、売れない事実を向上心に変える

☑ 失敗は成長に必要なものと考える

販売の考え方

三流は、売れなくてもいいと考え、二流は、売ればいいと考え、一流は、どのように考える？

読者の皆さん、いきなりですが富山の薬売りってご存知でしょうか。

私は出身が富山県なので、小さい頃によく両親からこの富山の薬売りの話を聞かされました。ひょっとしたら、若い世代の方は聞いたことがないかもしれないですね。そこで本題の前に少しだけ、簡単に説明させてください。

私の地元、富山県というのは、元々、江戸時代から製薬・売薬を地場産業としていました。特にその名を全国に広めたのが、「富山の薬売り」と呼ばれる売薬商人が、作り出した配置薬というビジネスモデルです。

これにより、いっきに「富山の薬売り」は、全国にその名を知れ渡らせることになったのです。

このビジネスモデルは、薬売りの行商人が全国各地の得意先に出向き、まずはその家庭に薬箱を無料で設置させてもらいます。その後、年に1～3回ほど訪問して、使った分だけ代金を回収するという販売システムです。

このシステムは得意先から喜ばれたのはもちろんのこと、かなり売上が上がったと聞きます。当時の富山県藩主、前田家の懐を支えたと言われるのも納得がいきます。

売り手の中には、お客様が購入したものを使う・使わないは、売ってしまえば関係ないという考え方をする方もいます。いわゆる利益を先にいただき、買ったお客様が後用する（のちに使う）といったものです。

こういう考え方をするのは、二流の販売員です。

これは売れさえすればいい、といった自分本位な商売です。お客様満足なんて考えずに利益を得ればいいと考える商売です。

商売真理に基づくならば、**先に相手の利益を考えて、そのあとから自分の利益を考える**

べきです。

これを先用後利《せんようこうり》と言います。

先に使ってもらい（先用）

あとから利益を出す（後利）

何より使ってもらうこと、優先の考え方です。

これが、歴史上の最強の販売集団と言っても過言ではない「富山の薬売り」の利益の考え方なのです。

私は、長くいろんなお店や販売員をたくさん見てきましたが、繁盛しているお店、お客様が満足して再来店されるお店には、この先用後利の思考が必ず根付いていました。

歴史的にも裏付けされたこの商売思想を一流と言っても過言ではありません。

Road to Executive

一流は、先用後利で考える

☑ お客様本位で販売をする

ネット販売

三流は、ネットに失望し、二流は、ネットに対抗心を燃やし、一流は、ネットに対してどうする？

ここ数年で、販売員を取り巻く環境は大きく変わりました。特に、２０２０年の新型コロナウイルスがもたらした対面自粛の影響はかなり大きいものとなりました。

そんな中、流通業がより変化の速度を速めたのが、ＥＣ販売、いわゆるネット販売です。ずっと以前から、ネット販売の運用に対しては論じられていましたが、このタイミングで各社大きく舵をきったのです。

ネット販売に対して、現場の対面販売員はどのような気持ちで対応していくかということが、今後問われることになりそうです。

私は、業界誌のインタビューなどで、「ＥＣ（ネット販売）にどう対抗していくか？」みたいな質問を受けますが、そもそもネットに対抗するっておかしくないですか？

それは、お客様が選択することであって、店頭販売員が対抗心をもやして、「ネットに売上を取られないようにしよう」と考える必要はないと思います。

ネット販売にはネットの良さ、対面販売には対面の良さがあります。互いにそこを伸ばして、よりお客様に魅力的な商品を提供できる努力をしていけばいいのです。

ネットにしろ、リモートにしろ、利便性が一番の武器です。ですが、あくまで人と人が行うことの補助的なツールにすぎません。

電話ができた当時、私はもちろん生まれていませんでしたが（笑）、こうつぶやかれていたそうです。

「電話があれば、人は会わなくても生活できる」

でも、実際はどうでしょう。電話は会うことの補助ツールであって、古今東西、「出会う」を超えるコミュニケーションはなかったと言えます。

もちろん、スマホやネットが同じになるとは言いません。

ただ、人は人の影響を受け、人は人を恋しく、人は人と交わって成長していきます。

ゆえに、**どれだけネットが進化しようとも、私は人間力のある販売員のコミュニケーションやアドバイス、安心感というものは、絶対に求められていくものであり、なくなることはない**と確信します。

ネット優勢時代に一流の販売員を定義するとしたら、私は迷わず「ネットでは代役できない、人間力を持つ販売員」と銘打ちたいと思っています。

ネットの勢いが止まることはないでしょう。ですが、どんな時代も人は人が好きです。ゆえに、お客様のために自分のできることを考えている販売員は、絶対に淘汰されることはありません。人間力のある対応に勝るものはないのです。

三流販売員なら、ネットにはかなわないと失望するかもしれません。二流販売員なら、ネットに負けるもんかと対抗心をもやすかもしれません。ですが、一流の販売員は、いい意味でネットは眼中にありません。だって、ネット販売には、対面販売の最大の武器である「人間力」、すなわち人の魅力がないのですから。

私は思うのです。ネット売買の時代になればなるほど、リアル店舗には本物の販売員が求められてきていると。

Road to Executive

一流は、ネットにはない人間力を磨く

☑ 対面のお客様のために
自分ができることを考える

学び

三流は、ネットの情報から学ぼうとし、二流は、書籍や研修から学ぼうとし、一流は、何から学ぼうとする？

私は販売研修をする際、必ず冒頭に次のような前置きします。

「研修を開催する身の私が言うのは本当に申し訳ないのですが、この研修を受けたからといって、すぐに売れるようになったりはしません。私の役割は、皆さんのスイッチを入れる役割にすぎませんから」と。

こんなことを書くと、本書を読んでいただいている読者の皆さんにも大変申し訳ないのですが、本書を読了していただいたからといって、売れるようにはなりません。だって、書籍も研修も、またネットで得られる販売ノウハウも、実践の前準備にすぎないからです。

たとえとして適切ではないかもしれませんが、先日テレビで観たアメリカの国防大学の卒業式に校長先生が、「皆さん、これまでは前準備にすぎません。これからが本当の学びの場です」と、卒業生へ祝辞を述べていました（その後、恒例の帽子投げになるのです）。この校長先生が言いたかったのは、知識は実践ではないということです。学校で銃の撃ち方をどれだけ学んでも、それは練習です。実戦ではないのです。大切なのは、実戦でちゃんと撃てるかということです。

話を戻しましょう。販売の仕事でいろんな悩みを抱えたとき、普通の販売員はそれを解消するために、ネットや研修や書籍から学びをインプットし、店長や同僚や信頼できる先輩に相談し、知識を増やしてしていくのだと思います。

しかし厳しい言い方かもしれませんが、それでは知識を溜めているだけです。**本当の学びとは、アウトプットの中から学んでいくことです。**

知識には使えないもの、実践では応用が利かないものがたくさんあります。

例えば、販売テキストでは、お客様の要望に応えなさいと書かれています。しかし、実際お客様に要望をお聞きしても、「要望がない、わからない」というお客様がほとんどなので、役に立ちません。また、お客様に「話す」より「聞きなさい」と教えられますが、実際の販売はお客様の話を聞いているだけでは売れないのです。

では、販売がうまくなりたい、お客様に喜んでもらいたいと思い悩むならば、何から学ぶのが一番なのか？　それは、お客様からです。

アプローチがうまくいかないときには、お客様とうまくいったときの経験を振り返って学ぶ。うまく会話が続かないときは、お客様との会話から導き出す。当然、売れないときは販売から逃げず、お客様との販売回数を増やして答えを見つければいいのです。

実践で磨く。これは受験前に徹底的に問題集を解くのに似ています。効率よく的確な勉強とは、やみくもに参考書でインプットすることではありません。実践の問題集でアウトプットしてみて、不明点を学びインプットすることが大切です。

接客というアウトプットをしながら、インプットの材料を探す。アウトプットで足りないものをインプットすれば、効率的で解決も早い。

すべての販売の学びと悩みは、お客様が教えてくれます。大切なのは、知識に振り回されずに、実際の販売の場で見えてきた疑問に対して意識を当てることです。

Road to Executive

一流は、
お客様から学ぼうとする

☑ 経験から学ぶことが一番重要

サービス

三流は、目先のサービスを考え、二流は、特別なサービスを考え、一流は、どんなサービスを考える？

私は研修で商業施設に行くと、そこのトップ販売員に必ず次のような質問をします。

「あなたが売れる秘訣は、何ですか？」

すると、トップ販売員たちから、必ずこう返ってきます。

「いえ、特別なことはありません」


私は最初、「売れる販売員というのは、すごく謙虚で物腰が低いんだなー」と思っていました。ですが、あまりにも皆さん同じ答えなので、自分なりの1つの答えに行き着いたのです。

「特別なことはしていないのですが……」という言葉は、何も謙虚だったり、売れる秘訣を隠しているわけではありません。誰もができないサービスなどはやっていないのです。

一流は**本当に、特別な「何か」をしているという意識がありません。**つまり、「当たり前のこと」を誰よりも忠実にやっているだけなのです。

「当たり前に徹する」ということについて、紹介したい話があります。

私の地元富山県のお隣、石川県に加賀屋という知る人ぞ知る「記者が選ぶ日本の最高旅館」に何年もの間トップを譲らない一流温泉旅館があります。

これまで、講演や団体の研修で何度か泊まったことがあるのですが、あるとき幹部の方からこんなお話を聞く機会がありました。

「私たち、加賀屋は特別なことはしていません。

当たり前のことが抜けることがないように、最善を尽くしています。

なぜなら、**サービスはかけ算と一緒で、どこかに1つでも、ゼロやマイナスがあれば、すべてがゼロかマイナスになってしまう**からです。

だから、派手なサービスをするのではなくて、ゼロやマイナスがないように、当たり前が絶対に抜けないようにしているのです」

この日本一の旅館の幹部の言葉は、私の心を打ち抜き、さすが一流だと感心しました。

そして、私が尊敬する元野球選手のイチローさんの言葉とリンクさせて聞いていました。

「特別なことをするために、特別なことをするのではない。特別なことをするために、当たり前のことをするのだ」

普通の店員は、売れる秘訣を聞かれたら、売りたい意思や、お客様への奉仕力を語ります。ですが、加賀屋の幹部の言葉通り、せっかくの奉仕も、実は当たり前なことが抜けたらゼロです。そして、皮肉にも当たり前なことは、当たり前だからこそ、抜けてしまいます。

「笑顔で販売しましょう」「お客様の立場で販売しましょう」。これ、当たり前ですよね。でも、徹底できていますか？　銀座の一等地のお店にだって、できていない店員を多々見かけます。

もし、あなたが、一流という販売をしたいと願うならば、特別な何かを考えるより、当たり前の徹底を考えたほうが近道です。

Road to Executive

一流は、「当たり前のサービス」の徹底を考える

基本が一番大事

Chapter 2

一流の「アプローチ・雑談」とは？

アプローチの方法

三流は、考えずに声をかけ、二流は、テクニックを重視し、一流は、何を重視する？

アプローチを考えたとき、さも接客技術のように指南してあるマニュアルや、テキストや、書籍を見かけます。たとえるならば、「アプローチのタイミングはこうで……」といったような、技術論です。

しかし、アプローチというのは人と人との最初の印象に関わる部分なので、テクニックや技術論で推し量れるものではありません。

経験上たくさんの成功アプローチを見ていますが、接客技術というよりは、むしろ心理学のほうが的を射ていると思っています。「こうすると失敗するよ」という成否の理屈ではなく、生理的な部分からくる「こんな行動は相手から嫌われる」といったような「快・不快」といった心理要素に大きく左右されるのです。

私は大学時代に心理学を専攻していたのですが、そのつたない知識を使って、実際に成功率が高くて売れている販売員が駆使しているアプローチ法をお伝えします。

◯アプローチは、パーソナルタイムを避ける

お客様は、入店してすぐに声をかけられると、それがどんなに素晴らしい声かけであろうとも不快感を持ちます。お客様が慣れるまでの時間が必要です。その時間を心理学で、パーソナルタイムと呼びます。だいたい30秒程度です。お客様がよほど特別な状態をのぞき、その時間はアプローチ禁止と心得ておきましょう。

◯アプローチは、パーソナルスペースには入らない

パーソナルスペースとは、心理学で言う「なわばり領域」。すなわち、他人に踏み込まれると不快に感じる距離です。一般的には人間関係の親密度によって、その距離は変わります。当然、恋人なら最も近く0センチ。販売員とお客様の距離は、一般的に1・5メートル程度（両手を広げた距離以上）です。ですから、その距離外から声かけするようにしましょう。

○アプローチは、適量な音量とサイントークでビックリさせない

人は突然大きな声や後ろから声をかけられると、心理的驚異から心を閉ざしてしまいます。知人でなければ、特にびっくりして感情のシャッターを閉めるでしょう。それを避けるためには、近づくときに大きすぎず小さすぎない適した声の音量で、サイントークと言われるアプローチ前の店内発声をし、お客様に認知してもらってから声かけをするのです。

○アプローチでは、聞き出すような質問はしない

「何かお探しですか？」という質問の声かけは、もはや死語と化していますが（笑）、アプローチの最初から質問するのは避けましょう。心理学の見地からも、初対面の他人に質問されると警戒心を抱き、余計に答えてもらえないという作用が働きます。「店奥に違ったタイプもございます」といった、まずは優しい笑顔と優しい口調で警戒されないトークをします（次節を参照）。

お客様は、感情のある人間です。どういう言葉で声をかけるかといった理屈よりも、お客様に不快感を持たれないことが一番大切なことなのです。

Road to Executive

一流は、
相手の快・不快を重視する

☑ お客様を嫌な気分にさせない

アプローチの第一声

三流は、タイミングを気にし、二流は、相手の反応を気にし、一流は、どう考えている？

「アプローチは、どのタイミングがいいのでしょうか？」

「アプローチの第一声は、なんて言えばいいですか？」

接客セミナーを開催すると、事前アンケートの聞きたい項目には、鉄板と言っていいほどこの2つの質問が書かれています。

これを見るといつも私は、「誰もが一番難しく考えているのがアプローチなんだな」とつくづく感じてしまいます。

確かに第一印象であるアプローチは、タイミングが早すぎないか、遅すぎて接客機会を逸してしまわないかと、考えれば考えるほどわからなくなってきてしまいます。そこで、私が見てきた数々のトップ販売員のアプローチを紹介したいと思います。ひょっとしたら、あまりに想像と違っていて、拍子抜けするかもしれません。

一流の販売員は、あまりタイミングとか言葉とかを気にしていないのです。日常の「おはようございます」や「こんにちは」といった挨拶のような程度に考えているように思えます。

皆さんも、朝家を出たときに、近所の方と出会ったら、その場の空気で「おはようございます」と自然体で挨拶をしていると思います。家を出る前から、「ご近所さんと出会ったら、どんな表情で挨拶をしよう？」と悩んでいる方なんて、一人もいないでしょう。それと一緒です。

私の経験上、**アプローチに失敗する販売員のほとんどは、全神経を集中させ、失敗が許されないような覚悟でアプローチをしています。**しかも、好反応を求めているために、ガチガチです。

これではお客様からしたら、販売員の意図が見え見えで、かえって心を閉ざしてしまいます。

お客様のことをまったく意識しない無頓着なアプローチはもちろん論外ですが、お客様を意識しすぎるアプローチこそ、失敗のベースになっているのです。

アプローチが三流の販売員はタイミングを気にしてちぐはぐになり、二流の販売員は相手の反応に一喜一憂してしまいます。

一方、一流の販売員は、最初から好反応を期待していません。だから、**できるだけ肩の力を抜き、気軽にアプローチをしています。** 皮肉にもそっちのほうが成功率が高かったりするのです。ここが対人コミュニケーションのおもしろいところです。

アプローチの達人になるとは、タイミングをとる達人になることではありません。なぜなら、そこには決まった法則など存在しないからです。

躊躇せず、思い切って声かけができることのほうが大切だし、たとえ相手が無反応でも、不自然な対応にならないように心がけるべきです。

毎朝の挨拶のように、無心な気持ちを心がけることをおすすめします。そのほうが、成功するのです。

Road to Executive

一流は、
相手に嫌われなければ
良しとする

☑ 好反応を期待しすぎない

アプローチ対象

三流は、話しやすい方にアプローチし、二流は、買いそうな方にアプローチし、一流は、どんな方にアプローチする？

ある程度、売れるようになってくると、どうしても、販売員はお客様を選定しはじめます。言葉は良くないのですが「お客様を品定めする」というやつです。たぶん、買うか買わないかわからないお客様に販売するよりは、効率を求めて、買うであろうお客様に全力を尽くそうという考えなのでしょうが……。

しかし、このようなやり方をしているのであれば、どれだけ売上を伸ばせたとしても、とうてい一流の販売員とは言えません。だって、お客様を品定めした時点で、お客様を「売上」に見ているのですから。

お店に立つものとして、心に留めておいて欲しいことがあります。それは、お客様を品定めしないこと。なぜなら、**「どんなお客様でも、何かしらの目的があるから入店される」**

という絶対的な本質があるからです。

私が、新人の頃のエピソードです。

私が呉服チェーンに入社して1年目。その日は、ベテランの女性販売員2人と、私の3人で店待機していました。

そこに、作業着姿の50代ぐらいのおじさんが、お店の中を気にしているのか、行ったり来たりしながら中を覗き込んでいます。近くにいるベテラン販売員は「あんな作業着の男性が着物なんて買うはずがない」とばかりに完全に無視していました。

そこで私は、そんなベテランをよそに「絶対にあのおじさん、何かあるはずだ」と思い、振袖の前にいるおじさんにアプローチしました。最初は、何も話してくれなかったのですが、そのうち「この振袖、いくらするん?」と聞かれたので、値段や仕立て期間のことまで説明しました。

すると、「この振袖、買うわ」といきなり言われたのです。話を聞けば、東北から出稼ぎ労働に来ていらっしゃって、地元にいる娘さんが今度成人式とのこと。いろいろと呉服店をまわったけど、誰も声をかけてくれなかったらしいのです。

「お兄ちゃんだけが、声かけてくれて、丁寧に説明してくれて、嬉しかったよ。今日、お金払っていくわ」と言われ、シワだらけの銀行の紙封筒を出され、黒い爪の手で、現金を置いていかれました。

生々しく銀行封筒から出た紙幣を見て、私はとんでもない貴重なお金をいただいたのだと察知しました。それが、私の呉服のはじめての売上です。

そのとき、買わないだろうと声をかけなかったベテラン販売員が驚いたように私に言った言葉が今でも耳に残っています。「あんな方が、よく買ったわね」。

もちろん今となっては責める気もありませんが、いくら売上を上げていても、私は彼女らを一流の販売員とは言いたくはありません。売上があるから一流ではないのです。**一流の販売員とは、どんなお客様であろうと、そのお店に求めてくる方へベストの奉仕をする販売員**です。話しやすそうな方や買いそうな方ばかりに声をかけるのは、三流や二流です。

私は今でも、はじめて着物を買ってくださった方が、あのおじさんで良かったと思います。貴重なことを学ばせてもらったからです。

Road to Executive

一流は、どんなお客様にもアプローチする

見かけや思い込みで判断しない

下見客

三流は、下見客に手を抜き、二流は、下見客に売る気を見せ、一流は、下見客にどう対応する？

「今日は、下見で来たから、買うつもりじゃなかったのに、買ってしまったわ」と、下見に来たお客様が笑いながら嬉しそうに買って帰られる。

販売員の皆さんは、こんな体験って、ありますか？

私がこれまで販売員として携わった着物呉服、アパレルをはじめ、百貨店衣料、車、特選ブランド、宝石宝飾、時計、靴、カバン、美術品、インテリア、住宅、生活家電など、黙っていたら絶対に売れない商品を扱う販売員はたくさんいます。言い方を変えれば、「下見客」が多い職種の販売員です。そのような販売員にとって、冒頭の言葉をお客様から言ってもらえることこそが勲章ではないでしょうか。

いわゆる、下見を購入に変えることができる販売員です。当然、お客様に喜んでいただいたうえで、です！

下見で、買う気もなかったお客様に笑って「買ってしまった」と言わせる販売員、下見客に「出会えて良かった」と言われて買っていただける販売員たちは、どんなことをしていると思いますか？

それは、**お客様の【今日は、買わないから】【今日は、下見だけね】【まだ、買うかさえ決めてない】という警戒心から繰り出される言葉に対して、快く対応する**ことに尽きます。

要するに「まずは下見に来ただけだから、買いに来たと思われたくない」というお客様の心理を理解できるかどうかということです。

具体的に言うと、お客様の下見の不安を吹き飛ばしてあげられる安心感を言葉にするのです。

「もちろんです。今日は、ゆっくり、下見していってくださいね！」と言いきれること。

これを私は、**「下見の承認行為」**と呼んでいます。

お客様の「今日は買わないから」という伏線言葉に対して、笑顔で快諾対応するから「今日買ってもらえる」という矛盾的事実が起こるわけです。これがすごく大切です。

もちろんこの対応ができたからといって、必ずしも、下見客が買ってくれるとは言いきれません。しかし、一流の販売員は必ずこの対応をしています！

なぜなら、スタート台に立たないと、何もはじまらないからです。売上とは、気軽に見ていただいた先にある単なる結果です。

そして、仮に下見で終わってもいいのです。

下見のお客様が一番不幸なのは、下見をしたら買わされるかもしれないと感じさせる販売員に出会ってしまうことです。下見サービスを受けられないお店なんて行きたいですか？　私だったら嫌です。


実際、この対応は簡単そうに見えますが、売る気を見せないことはなかなかできません。

しかし、簡単そうでできないことをしっかりとできるのが一流です。

下見という伏線を張られるお客様にこそ、「下見の承認行為」をしてあげてください。

下見を快諾したことで、お客様は安心感を手に入れ、下見という買いものをはじめられるのです。

Road to Executive

一流は、下見を承認する

☑ 下見を大歓迎する

複数客への接し方

三流は、買いそうなお客様とばかり話し、二流は、話しやすいお客様とばかり話し、一流は、どのように話す？

大学時代の友達から電話があり、「今度、ちょっと付き合ってよ？　娘の成人祝いを買いに百貨店に行きたいんだけど、高級ブランドに一人じゃ嫌でさ」と言われたので、東京での仕事の際に、一緒に銀座の百貨店に行きました。

まず、２人で入ったのが、百貨店の一等地に必ずある、誰もが聞けば知っている高級ブランドショップでした。

接客してくれたのは若い女性店員。買うのは友達のほうですが、私はずっとアパレル専門店の社長をしていたせいもあり、どうしてもしゃしゃり出てしまい（苦笑）、友達より私が買う客かのような感じになってしまったのです。

すると販売員はずーっと私にばかり話しかけ、完全に友達をほったらかしに。そういう疎外感みたいなことをあまり気にする友達ではないので良かったのですが、女性店員は最後まで私の友達と目を合わせませんでした。

そこでは何も買わず、他のブランドも見てみようということになり、隣のイタリアの有名ブランドショップに入り、接客を受けました。

こちらの販売員は私と話をしながらも、言葉の節目、節目で、私の友達にも目線配分し、目配りしていました。

そして、買いそうには見えないけれど、買うほうの（ややっこしい表現になって、すみません）友達に目線を配り、**疎外感を与えずして3人共有の販売空間を作り出していたの**です。

私は、あぁ、この販売員は、「やり手」だな、と思いました。

販売をしていて、同時に複数客の接客をすることは日常茶飯事です。特に多いのは、2人客に対する接客だと思いますが、私は複数客にどう接するかが、一流とその他の違いだと思っています。

それこそ、販売員の売る気と気配りの有無が見えてくるからです。

よく見かけるのが、前者のような、2人客の買いそうに見えるほうや、話しやすいほう、自己主張の強いほうのお客様とばかり会話して、もう一人を「ほったらかし」にする販売員です。言い方は良くないのですが、「売上しか見ていない」と思われても仕方がありません。

私は、複数客の接客において大切なのは、目線だと思っています。なぜなら、**どうしても会話量は平等にはできませんが、目線は平等に配分できる**からです。

大切なのは、主張の強いお客様と会話をしながらも、目線で3人のコミュニティ空間を作ることです。

複数客を大切にするとは、そういうことです。

「目は口ほどにものを言う」と言いますが、目線という細かい気配りができる販売員ほど、私は一流だと思うのです。

Road to Executive

一流は、目線を平等に配分しながら話す

☑ 目線で気配りする

雑談の話題

三流は、ニュースや天候の話題で雑談し、二流は、仕事や休日の話題で雑談し、一流は、何をテーマに雑談する？

販売中における雑談の重要性はよく語られていますから、今さら言うべきことではないでしょう。しかし、実際に雑談をしようとすると、何を話していいかわからない販売員は多いと思います。

私がネットで開設している販売相談室にも、たくさんの雑談についての質問がきます。特に、若い世代の販売員からの質問が多いです。

かくいう私も呉服販売をはじめたばかりの頃、お客様とどんな雑談をしていいのかさっぱりわかりませんでした。特に呉服などの高額品の販売では、商品の話題だけよりも雑談を挟んだほうが場の空気がなごみますし、なんと言ってもお客様との心の距離を縮めてくれます。

実際、**雑談のある販売のほうが、雑談のない販売よりも購買率が高く、再来店率も高いことが実証されています。**

ゆえに、雑談販売は必須だったのですが、頭の中が真っ白になることも多くあり、悩んでいました。

そんなときトップ販売員だったYさんから、次のようなことを教えてもらいました。

・お客様がのってくる雑談をしないとダメ。やみくもにとって付けたような天候の話やニュースを話題にした雑談は、不快に思うお客様も多い

・**お客様のこだわっている部分、すなわち目に入る主張ポイントには一番お客様が語りたい部分の場合が多い**（例えば、お客様がすてきな時計を身に付けていたなら、時計について語りたい）。そこからお客様の趣味や好みや生活環境に話がつながっていく場合が多々ある

当時私は、むりやり天気や朝のニュースを話題にして、空気を悪くしていたような気が

していてました。しかし、Yさんのアドバイスを受けてから、お客様のことをよく観察する癖が付きました。そして、商品の話以上に、雑談で盛り上がることができるようになったのです。

それからの私は、雑談に頭を悩ませることなく、お客様への興味を持つ視点が身に付き、むしろ雑談が好きになっていきました。当然、その雑談を突破口にして、よりお客様のいろんな情報を聞かせていただけるようになりました。

雑談の目的はお客様との「心の距離」を縮めることです。とするならば、当然お客様が興味ある話題で雑談できることが一番理想です。お客様がのってくるような話題を見つけて心の距離を縮められるのが、一流の販売員です。

ぜひ、お客様をよく見て、お客様が一番こだわっているところを見つけ出してください。

そこが、雑談ポイントです！

Road to Executive

一流は、相手がこだわっている部分で雑談をする

相手が話したいことは何かを
観察して見つける

情報提供

三流は、情報を持たず、
二流は、商品情報だけを提供し、
一流は、何の情報を提供する？

私は販売員時代から、できるだけヒット映画を観たりベストセラー小説を読むように心がけています。また、ヒットドラマは録画して必ず観ますし、流行語大賞のワードのうんちくはたいていてい1分は語れます。

『鬼滅の刃』の映画は、2回も観ました（笑）。

単なるミーハーだと言われればそれまでなのですが、なぜ、ここにこだわるかというと、人を魅了する理由が知りたいから、そして雑談の話題を作れる人でいたいという思いが常にあるからです。

もしかしたら、「流行を知っていたって、売上には関係ないじゃん」と、思われるかもしれません。

それは、ごもっともです。ですが私は、**販売員とは「情報提供のプロ」**だと思うので、商品以外の流行や地域グルメ、おすすめスポット、またお客様の興味あることの情報を持っていることは、良好な関係性を作るうえでもすごく大切だと感じています。


話が変わり恐縮ですが、私はギャルの聖地と言われた「SHIBUYA109」（マルキュー）で、何度も販売セミナーをさせていただき、店員たちに販売を教えていた時期があります。

当時のマルキューのギャル店員と言えば、1日数百万円を軽く売上げるカリスマ店員たちです。

どんな販売をしていたのか？

実は、彼女たちのトークの半分以上は、おいしい店や流行りの店のこと。おしゃれなカフェや、ネイルの店の話です。いわゆる、トレンドの最先端にいる彼女たちの売っているものは、商品以外の情報だったのです。

お客様は、カリスマ店員のライフスタイルに憧れ、その情報を欲しがったと言っても過言ではありません。

また、私の友達で関東に3店舗の美容室を経営する、自称・カリスマ美容師は、雑誌に載ったグルメの新店には必ず足を運び、食べた感想をお客様との雑談に生かし、グルメ美容師と評されて人気です。

そして、私の先輩の繁盛すし屋の主人は、ビジネス街という立地にあるがゆえ、柄にもなく日本経済新聞を毎朝読み、経済知識を仕入れて、丸の内のビジネスパーソンとの会話作りに努力しています。

最後に、たった8000人の町で、1億円を売ったスーパー販売員だった私の母も、町の情報屋（笑）と言われるほど、町のことを隅々まで知り尽くしている人でした。

これは、ほんの一例にすぎませんが、**人を魅了してやまないセールスパーソンというのは、常にお客様の欲しい情報を持ち合わせるための努力をしています。**そして、情報という価値をうまく自分の魅力としている人たちです。それゆえ、やみくもに情報を集めてもダメです。あなたのお店のお客様をよく見て、その客層が興味を持っている情報を集めるのです。きっと「関係作り」には最大の効果があるはずです。

Road to Executive

一流は、お客様の欲しい情報を提供する

☑ 情報こそ販売員の付加価値

接し方

三流は、店員として接し、二流は、アドバイザーとして接し、一流は、どう接する?

少し私の母親の話をさせてください。

私の母親はたった8000人しかいない町で洋装店を営み、1億円の売上を上げる販売員でした。ですが、お店はと言えば、それこそ「よろづや」のようで、洋服はもちろん、肌着や、学生服、布団まで置いてあるようなお店でした。むしろ、これくらい小さな町では、なんでも屋でなければやっていけないという面もあったと思います。

私が東京の大学から帰省していたときのことです。たまたま母親が食事のときに、店番を頼まれ、そこにお客様がお葬式で着る礼服を買いに来られました。

お客様は暗い表情で「すみません。礼服は置いてありますか?」と言われたので、私はすぐに2階にいる母親に、「おかあさーん! お客さんが、礼服を買いに来られた!」と大きな声で呼んだのです。

すると、母親は見たことのないような顔付きで降りてきて、お客様に「いらっしゃいませ！　どなたかのご不幸ですか？　どうしたん（方言）？」と、心配そうな顔でお客様のご心情を問いかけはじめたのです。

どうやらお客様のお父様が亡くなられたらしく、急遽、礼服が必要とのことでした。母親は、礼服の話よりも真っ先にお悔やみの言葉を話していました。

実は、話は、ここからです。

お客様が帰られたあと、母親から「葬儀に出る礼服を買いに来られたお客様に、『買いに来られた！』は、ないやろ！　礼服を買いに来られたら、『どうなされたのですか？』と、心中お察しするのが当たり前やろ！」と、すごく怒られたのです。

葬儀に出られる礼服を沈んだ顔で買いに来られたお客様には、身の上を案じた会話をしなければなりません。

そして、さらにこう言われたのです。

「お客様として接する前に、人として接しなさい」

よくよく母親の接客を思い出すと、お客様が元気がなかったら、何を見にお店に来たかよりも、「元気ないけどどうしました？」と顔色を窺っていたし、ハネムーンの服を見に来られた親子客には、まずは「おめでとうございます！」と祝福の言葉と、結婚のなれそめの話で盛り上げていました。

母は販売の前に、人として接することを一番にしていたのです。これこそが、母が町で信頼される販売員だった秘訣だと思うのです。

今、私は、いろんな場所で販売や接客を受ける仕事の立場にいますが、どこかに着ていく場がある服を探しに行っても、「どんな服がお好みですか？」と、すぐに販売に入る店員がほとんどです。百貨店に結婚のお祝い返しの贈答品を探しにいっても、「おめでとうございます」さえ言わない店員が増えているとも聞きます。

売る気、売る気で、つい販売員の立ち場で接しますが、一流の販売員とは、販売以前に人であることを忘れてはいけません。

母はそういう人としてのつながりがたくさんあったからこそ慕われ、その対価として1億円という売上があったのだと確信しています。

Road to Executive

一流は、人として接する

探している商品から
お客様の気持ちを察して接客をする

Chapter 3

一流の「伝え方」とは？

質問に対して

三流は、いきなり説明をはじめ、二流は、相づちから説明をはじめ、一流は、どのように説明をはじめる？

商品説明にしろ、自社のお店の説明にしろ、販売において説明トークを抜きには成立しません。販売という行為自体がプレゼンテーションなので、説明のうまい下手が、販売の肝と言ってもいいでしょう。

そこで、私が何気ない説明なのに「これは引き込まれる！　すごい！」と思った事例を紹介します。

先日、某大手家電チェーン店にイヤホンが欲しくて行ったときのこと。イヤホンコーナーに行ってびっくりしたのですが、すごい数があるのです。見ているだけで何がなんだかわからなくなってしまいました。

そこにちょうど女性販売員が通りすがり、ニコッと笑ったので、私は「すみません。ちょっとイヤホンの数が多すぎて、何がなんだかわからなくて」とたずねました。

すると女性販売員は、

「そう！　私も、こんなにいらないだろーなんて思ってたんですよ」

と言ってから説明をはじめたのです。

また、

「すみません。私が2万円のイヤホンを見つけて、これって、なんでこんなに高いんですか？」

と聞いたところ、

「そう！　2万円ってびっくりしますよね！　高すぎません？　私も上長に聞いちゃいましたよ。実はですね……」

と、説明をはじめたのです。


皆さん、わかりますか？　この女性販売員の説明の特徴を。

そう！　この女性販売員は、**必ず私の考えていることをしっかりと代弁してから説明に入る**のです。それゆえ、とんちんかんな回答や説明がされることはありませんでした。その販売員が意図したものかどうかは私にはわかりませんが、すごく聞き入ったのを覚えています。

なぜかと言えば、私の気持ちを理解し、私のための説明をしてくれたという感じがひしひしと伝わってきたからです。


今まで私が見てきたトップ販売員たちのほとんどは、お客様の気持ちを代弁するようにしています。

ただ単に説明したり、ただ単に提案したりしているわけではありません。**お客様の心情を察し、それを言葉にして復唱したり、推測したり、おもんばかったりしてから説明をしはじめるのです。**たったそれだけですが、お客様とかみ合う会話を作り上げることに成功しています。

唐突にいきなり商品説明をはじめたり、お客様を置いてきぼりにした商品説明をしたりする販売員が多い中、説明前にお客様の気持ちを代弁してからはじめる。たったこれだけで、お客様が説明に耳を傾けることができるのです。これこそが、相手の立場に立った説明のコツなのです。

Road to Executive

一流は、
お客様の気持ちを代弁してから
説明をはじめる

お客様の気持ちに同調する

高額品

三流は、高い理由を言えず、二流は、高い理由をそのまま伝え、一流は、どのように伝える？

百貨店の商品部に勤務する私の知人と話をする機会がよくあるのですが、会うといつも「高い商品が売れなくなった」と愚痴のように言ってます。

百貨店というのは、品質のいい商品を扱っているので値段が高くて当たり前です。だから販売員は、値段が高いと思われる金額分を「商品の魅力の値段」と思ってもらう説明ができないといけないのです。それができなければ、ただ単に高額品売り場になってしまうわけですから、そりゃ、売れなくて当然です。

ここに2つの包丁があるとします。1本は量販店でも販売している5000円の包丁で、もう1本が百貨店のドイツ製包丁で10000円です。その差は5000円です。

この5000円をお客様にどう感じてもらうか。これが百貨店販売員の腕の見せ所です。

仮に、この５０００円の差をうまく説明できないならば、お客様に高いと思われて、購入にはいたらないでしょう。

この５０００円の差をむしろ魅力として伝えられる販売員こそが一流です。

具体的には、切れ味の差だったり、メンテナンスの手軽さ、耐久性、持ちやすさや扱いやすさなどの差を感じさせることができたなら、５０００円の差がそのまま魅力になります。間違いなく、量販店の包丁よりも、満足して買われるでしょう。

これが、一流の販売員の高額販売の思考です。

商品の高い理由が説明できて、安い商品との差別化ができて、それがお客様満足につながる販売です。

値段の差 ＝ 商品の差 ＝ お客様満足

という公式を立てられる販売員が一流の販売員と言えるのです。

そういう意味で、知人が嘆く「百貨店で高いもの。いわゆる、いいものが売れなくなった」というのは、不況の影響もありますが、ダイレクトな要因としては、販売員自身が値段の高い理由を魅力として伝えられる技量がないことにあるのです。

高い理由が説明できなければ、いいものが売れるわけがありません。また、仮に説明できたとしても、単に品質がいいからでは実感してもらえません。差別化して魅力として伝えられなければ、お客様にとってその商品は高いままです。

百貨店から「高額商品が売れない、売れない」という悲鳴を聞きますが、一流と言える販売員が説明すれば、高いことさえ魅力となります。

高い分の値段の差を魅力に変えられる技量を有した販売員ならば、むしろ高いほうが自信を持っておすすめできるのです。

高額販売は、販売員次第です。

Road to Executive

一流は、高い理由を魅力に変えて伝える

☑ 特別な魅力があるから高額であるということを伝える

商品の違い

三流は、商品の特徴が言えず、二流は、商品の特徴だけを伝え、一流は、どのように伝える？

販売の肝は「説明のわかりやすさ」にあるというのは、この書籍で伝えたい大切なことの1つです。

私は年間数え切れない販売員を見てきていますが、販売員の説明を聞いていて、すごくもどかしく思うことがあります。それは、商品の特別感や差別化がお客様にまったく伝わっていないということです。**特別感や特徴が伝わらないということは、買う理由がわからないということに等しい**ので致命傷です。

うまい商品説明というのは、商品の特徴をわかりやすく話すことです。その商品がいかに通常の商品と違うのか、素晴らしいのかということを伝えなくてはいけません。しかし、通常の商品がどんな商品なのかを定義しないまま説明してしまうため、お客様にきちんと伝わらないのです。

特別感は、普通を定義するから、浮かび上がるのです。普通を定義しないかぎり絶対に伝わりません。一流の販売員は、これを省略しないことで特徴をうまくお客様に伝え、商品価値を上げることができるのです。私はこれを**「通常の定義付け」**と呼んでいます。

例えば、とても希少なニュージーランド産のウールが特徴のニットを説明する場合、
「これは、とても希少なニュージーランド産のウールなので、とても、柔らかくて……」

これでも説明は成り立ちますが、希少性はまったく伝わりません。だって、通常はなんなのかが定義されていませんから。読者の皆さん、ニュージーランド産がどれだけ稀少かわかりましたか？　通常を定義するとはこういうことです。
「ウール製品の8割はオーストラリア産ですが、これはたった1割しかない希少なニュージーランド産です。何が違うかと言えば……」

この場合は、「8割（通常）はオーストラリア産」と定義をしています。

この定義付けが「肝」です。

お客様はわざわざ「普通ってどんなの？」なんて絶対に聞きません。しかし説明のうまい販売員というのは、お客様が聞きたいけど聞いてこないこと、わざわざ聞かないことを抜け目なく伝えます。

せっかく販売員が特別感や希少性を伝えようと一生懸命になっていても、普通を定義できずに優れたところだけを話していたら伝わりません。これでは二流止まりです。

なぜ「通常の定義付け」が抜けるのかというと、販売員にとっては「通常のこと」は「常識」だから抜けるのです。しかし、お客様にとっては「常識」どころか、知らないことなのです。

あなたの説明を一度振り返ってみて、普通を定義していないようだったら、するように癖を付けてください。それだけで、あなたの説明の印象はがらっと変わり、お客様に特別感を与えられるはずです。

Road to Executive

一流は、
普通を定義して、
特徴を伝える

☑ 商品の違いを明確にする

商品説明

三流は、商品知識を説明し、二流は、商品背景を説明し、一流は、何を説明する？

お客様が気に入ってもいない商品を単に見ていただけなのに、商品説明をはじめる販売員がよくいますが、気に入ってもいない商品の説明をどれだけうまくしても、お客様にとっては苦痛の時間でしかありません。

商品説明は気に入った商品にこそ意味があり、お客様も耳を傾けることができるものだからです。**やみくもに、商談説明をしてもお客様は振り返ることはないでしょう。**

ここでは、一流の販売員の商品説明とはいかなるものかを私の体験から述べたいと思います。

先日、あるメンズショップで、ずっと探していた軽くて、好みの色のナイロンブルゾンを見つけたときのことです。

メガネをかけた男性販売員が近寄ってきて「そちらのブルゾンですが、入ってきたばかりなんです。実はＮＡＳＡで作られた世界発のハイテク素材でして……」と、最初からなんやら細かい素材の説明をはじめました。

さえぎろうにも、まくし立てるように話します。正直言って、楽しい話なら良かったものの、ＮＡＳＡのハイテク素材の話は、より専門用語や深い知識の部分まで説明が及び、衣類の話を逸脱して、これ授業ちゃうか？（笑）と思えるほどでした。

彼は延々と素材のスペックを語ることで、それがいかに素晴らしい素材でできているかを伝え、商品価値を高めようとしていたのです。しかし、いくら稀少で素晴らしい素材であっても、私には「あーそうなんだ」ぐらいのことだったので、すごく苦痛でした。

この男性販売員だけにダメ出しをしているわけではありません。実はこういうことって、日常茶飯事です。

販売員は、スペックを熱く語り、商品価値を上げようとします。でも、お客様が本当に聞きたい商品説明って、商品概要やスペック、性能、うんちくではないのです。

これがお客様から見て商品価値が上がらない最大の理由です。

お客様が聞きたい商品説明というのは、その商品のメリットです。**その商品がいかに、自分にとってメリットがあるのか？　それだけで、商品説明は十分なのです。**

例えば、さきほどのＮＡＳＡの特別な素材だったら、そのＮＡＳＡの素材だから、私にどんないいことがあるのか、そこが聞きたいわけです。例えば、土砂降りでも一切濡れませんとかです。ただ単に特殊な加工をして、手間暇かけて、すごい素材を作り出した、ということでは本当に科学の授業なのです。寝ちゃいますよ（笑）。

電気機器の取扱説明書に書いてあるようなことを、最初から真剣に話している販売員によく遭遇します。しかしそれは、買ったあとでもいいような内容のことが多いのです。取り扱い内容や背景、性能、素材などのうんちく説明を最初からすることこそ、私は二流や三流の説明ではないかと感じています。

一流の商品説明とは、その商品がお客様にもたらしてくれているメリットを含んだ情報説明であり、そのメリットにお客様は代金を払われるのです。

Road to Executive

一流は、商品のメリットを説明する

買うとどんなにいいことがあるのかを説明する

商品の価値

三流は、流行で商品価値を高め、二流は、見た目で商品価値を高め、一流は、何で商品価値を高める？

「手間暇がかかった分だけ、商品には価値が宿る」

これを最初に教えてもらったのは、私の就職先であった呉服チェーンです。

皆さん、突然の質問ですが、なぜ結婚式に着物を着ていくと喜ばれるのかわかりますか？

その答えから、商品価値の秘密を導き出したいと思います。

私は当時、お客様からこんな質問をよく受けました。

「着物って、簡単に着られないでしょ。そこがねー。もっと、手軽ならいいけど」

そう言われると、私は必ずこう答えていました。

「ですよねー。でも、そこがいいんですよ。着物って簡単に着られないからいいんです。だからこそ、結婚式に着ていくと喜ばれるんですよ」

実は、着物を結婚式に着ていくと新郎新婦から喜ばれるのですが、その理由は華やかな彩りを雅《みやび》の場に添えるからというだけではないのです。

その簡単に「着られない着物」を着ていくからこそ、喜ばれ、結婚するご両家に最も敬意を払うことになるのです。

逆に言えば、簡単に着られちゃダメなのです（笑）。

美容院を予約して早朝から行き、髪を整えて、着付けして……。着ていく先の相手のために、手間暇をかけ、時間をかける。ここに価値が見出されるから、着物を着る価値が出てくるのです。

つまり、着物は簡単に着られないから価値があるのです。

目に見えない付加価値は、裏でどれだけの手間暇がかかっているかに比例しています。

例えばフランス料理は、ソースを半日煮込んだり、食材を空輸して取り寄せたり、準備に時間をかけたり、といった見ただけで判断できない手間暇があります。だから高級なのです。

銀座のすし屋が昼に営業しないのは、昼にやっているすし屋より楽しているわけではありません。昼に営業しないのではなくて、できないのです。江戸前ずしは、手間暇が命！仕込みに丸一日かかります。そりゃ味も料金も回転ずしとは違って当然です。これも人の手間暇に価値があり、料金が上乗せされているからです。

蛇足ですが、富士山の山頂の自動販売機のペットボトルの水の値段を知っていますか？なんと５００円です！　山頂までにかかる運搬の手間暇が上乗せされています。こんなに高くても誰も苦情を言いません。

世の中の値段の高いもののほとんどは、人の手間暇がかかっています。そこを販売員がお客様に伝えて欲しいのです。

「この商品はぱっと見にはわからないのですが、実はね……」と。ここが伝えられれば、付加価値が上がり、値段が高いのではなくて、その値段は妥当だということがわかってもらえるのです。少なくとも私はそうすることによって、トップ販売員に上りつめました。

Road to Executive

一流は、手間暇を語って商品価値を高める

☑ 見えない部分の価値を伝える

お客様サービス

三流は、でしゃばらないことだと思い、二流は、要望に応えることだと思い、一流は、どのようなことだと思っている？

最近、お客様サービスという視点から販売員を見たときに、すごく感じることがあります。

それは、お客様に遠慮して、腫ものを触るように、でしゃばらないことがサービスだと思っていないかということ。また、お客様のご要望に応えよう、応えようという意識が強すぎるがあまり、販売員としての本来の提案サービスが、まったくできていないのではないかということです。

誤解なきようにお読みいただきたいのですが、「お客様サービス＝御用聞きサービス」ではないと、私は思うのです。**なんでもかんでも、お客様のご要望を聞くサービスが、お客様の喜ぶサービスではない**と考えているのです。

あなたは、こういう料理店に行ったことはありませんか？

これは、こう食べてください的なお店。
この料理には、このお酒が合いますよ。
この肉は、これくらいの焼き加減で！
まずは、何も付けないで食べてみてください。

お店のシェフが、大将が、お客様に、遠慮せず、要望している光景です。いわゆる、大きなお世話を強要してるシェフです（笑）。「そんなのどうやって食べようが自由だろ！大きなお世話だー」と言ってしまえばおしまいですが、実際はそんな大きなお世話なシェフほど、人気だし、予約がとれません。そんなシェフや大将の大きなお世話や、こだわりが聞けるカウンターほど埋まっているのです。

これは、お客様がお店や店員に何を求めているかということと重なります。**「ご自由にどうぞ！」と言われるお店を心地いいと感じる方は、実は少ない**ということですよね。

実は、お客様は販売員にいろいろと教えてもらいたい。
実は、お客様は販売員にいろいろと意見を言ってもらいたい。
実は、お客様は大きなお世話を焼いて欲しい。
ただし、上から目線だけは、絶対にダメよ。
ということではないでしょうか。

売れる販売員。顧客が多い販売員ほど、大きなお世話を焼いています。
私の見てきた売れて顧客が多い販売員たちは、「親しみのある大きなお世話の提供者」で、笑いながらお世話を焼いていていました。

「この服は、できればこうやって、襟を立てて着てくださいね」
「この服は、やっぱ、これくらいの存在感のあるアクセサリーを合わせたら、いいわ」
「前は、ボタンを止めずに、開けっ放しで……」

最近は、なんでもかんでも遠慮し、お客様のイエスマン的な販売員が多くなってきました。しかし、私たちはプロとして、お客様の要望を超える提案をすることが求められているのです。一流の販売員のその大きなお世話が、信用と信頼、そして顧客を生み出すのです。

Road to Executive

一流は、「大きなお世話」を伝えることだと思っている

☑ 商品の使い方を積極的に提案する

回答の仕方

三流は、思い付きで答え、二流は、即答し、一流は、どのように答える？

一流の販売員たちが一流と呼ばれる所以《ゆえん》は、販売中、常に「お客様のことを考えて販売している」という点にあります。いや、もっと突っ込んで言わせてもらうならば、「お客様のことを常に考えて販売していますよ」というサインをお客様に出しながら販売をしているのです。

お客様は常に「私のために商品を選んでくれた」とか、「私のことを考えて提案してくれた」という言動を販売員に求めます。 そして、そうであって欲しいと常に願っているものです。

言い方を変えれば、自分だけのオーダーメイドのような販売をして欲しいと切望しているのです。そして、そこに応えているのが一流の販売員です。

では、どのようにしたら、オーダーメイド的な販売にできるのでしょうか？

例えば、お客様から「何か、おすすめのコートってありますか？」と聞かれたとします。

思い付きで答えるのは論外ですが、普通の販売員ならば、即座に「あっ、それでしたら、このコートなんていかがですか？」と、答えてしまうと思うのです。

もしくは、素っ気なかったり、無表情、無感情のまま対応する販売員も多々います。いわゆる、相手が誰でも同じような素振りで応対してしまうのです。

しかし、ここの対応を一流の販売員はサラッと、素っ気なくやらないのです。「お客様のために」というサインを示して行動します。

具体的には**商品を持ってくるときに腕を組み、5秒でいいので考える仕草を交え、「あなたのために考えています」というサインを出してから行動に移しています。**

私はこのサインを「お客様のための5秒サイン」と呼んでいます。

何も考えずにすぐに商品を提案されたり、すぐに即答されたりするのと、たった5秒でいいからチラッとお客様を見て考えてから商品を提案されたり、答えを返されるのではどちらの販売員の対応のほうがお客様の心を打つと思いますか？

もちろん、考える振りをしろといったことや、演技しろということを伝えたかったわけではありません。考えている振りだけしている販売員は、論外です。


私が言いたいのは、せっかくお客様のために考えて商品を選んだり、提案したりしているのに、素っ気なく見えてしまうのはもったいないということです。

お客様に販売員の思いを感じていただけないのは、とても悲しいではありませんか。

私の呉服販売員時代、よくミーティング中に店長から「黙っているのは、考えていないのと一緒だ」ということを言われました。それに似ているかもしれません。つくづく人間社会においては、表現し伝えてなんぼだと思うのです。

お客様のためにという思いは、販売員自身がどれだけ心で思っていても伝わりません。お客様に伝えようとし、伝わってはじめて意味があるのです。

たった5秒の店員の気配りで、「私のために選んでくれた」と、お客様に実感していただけるならば、ぜひやるべきではないでしょうか。

Road to Executive

一流は、考えているサインを出してから答える

☑ 真剣に考えているということを表現する

Chapter 4

一流の「すすめ方」とは？

おすすめ商品

三流は、自分が売りたい商品をすすめ、二流は、お客様の反応がいい商品をすすめ、一流は、どんな商品をすすめる？

最近、おすすめができない販売員が増えたと痛感する場面が多々あります。

確かに、おすすめされるのを嫌がるお客様が増えたのは否定はしません。だけど、販売中、いつまでもお客様に購入の判断の下駄《げた》を預け、お客様が「買います」と言われるのをずっと待っている販売員が増殖している気がするのです。

また、「お客様が好反応を示している商品」をおすすめする販売員も増えたように思います。もちろん、好反応な商品をすすめるのは当然ですから、悪いと言うつもりはありません。

ですが、お客様の立場からよく考えてみてください。お客様側から見たら、自分が気に入った商品が販売員のおすすめ商品っていうのは、どうですか？（汗）

そういう販売員に「どっちがいいと思います？」とたずねたら、きっとこんな答えが返ってきます。

「うーん、そうですねえ。どっちもそれぞれの良さがあると思うんです。お客様はどっちのほうが好みです？」と（苦笑）。

きっと、お客様が「こっちが好み！」と言ったほうを、その販売員もすすめてくるのでしょうね（笑）。

こういう販売員のおすすめは、おすすめではなく、ただ売りたいだけです。きっと、お店のすべての商品に対して「おすすめです」と言う販売員です。

おすすめできない販売員も、お客様の好みの商品をすすめる販売員も、どちらもおすすめの本質を理解していないと思います。こう書くと、「では柴田さんは、どういう風におすすめをしていたんですか」と言われそうなので、私のおすすめ基準を記したいと思います。

私は、お客様に元をとっていただける商品をおすすめします。元をとっていただくと言うと、何か損得だけの思考に思われるかもしれませんが、コレクターと言われるような方以外、**絶対に使用回数が多いものが、お客様にとってのいい買いものなのです。**

例えば、２つの商品があり、１つはすごく気に入ってらっしゃるお洋服ですが、少し予算オーバー。

もう1つはお気に入りではないが、予算内のお洋服。

さて、どっちをすすめますかという場面。私は、絶対に前者です。

大幅に予算オーバーではないかぎり、気に入っているほうが着る回数は増えるし、心の満足度も高いはずだからです。少し高いくらいならば、すぐに元がとれてしまいます。

もし一流のすすめ方があるならば、お客様が「あの買いもの、良かったわぁ」と言っていただけるすすめ方だと思うのです。それは、買われたときには、まだわからない感想です。

後々、使っていくうちに、どっちが良かったかの答えが出ます。そのとき、買って良かったと思われるすすめ方が、一流のすすめ方だと信じてやみません。

皆さんはどう思われますか？

Road to Executive

一流は、
元をとってもらえる商品を
おすすめする

多少予算より高くてもお客様が
気に入っている商品をすすめる

お客様の意見

三流は、お客様に意見を言う間を与えず、二流は、自分の意見を先に言ってから聞き、一流は、どうする？

最近のワイドショーを見ていて思うことがあります。

それは、各局、主張の強いＭＣ（司会）が、番組冒頭からいきなり自分の意見を言いすぎているということです。ですから、その後ＭＣから「○○さんはどう思う？」と振られたコメンテーターは、「そうですね！」と同調の一択しかなく、自分の意見をめちゃくちゃ言いにくそうなのです。

ＭＣというのは、ゲストが意見を自由に述べられるような配慮や、全員の意見のあとに自分のコメントを言ってまとめるのが仕事だと思っていたので、少し「もやもや」した気分になります。

さて、相手に自由な意見を言わせていない。これは、販売員も一緒だと思います。

販売員が感想を先に言ったあと、お客様に意見を求めたら、そりゃ真の感想を聞き出せません。

「このシャツは、お客様好みだと思うのですが。どうです？」。こう聞かれたお客様が、もしそのシャツが好みじゃない場合、「いえ、嫌いです！」とはっきり言えますか？

また、以前の私がそうだったのですが、お客様にネガティブな感想を言わせない空気を作り、間や隙を与えずに話し続けていました。結局、お客様は自分の意見が言えないまま、「ちょっと考えてきます」や「時間がないのですみません」と言って帰られてしまっていたのです。

販売員がすすめる商品が「なんとも思わない商品」だった場合、お客様はほとんど黙ったままです。そして、何も言われないことを気に入っていると勘違いして、「NO」を言わせない販売をしています。これは、お客様には相当不幸なことです。

初期の販売の提案やニーズチェックなどのやりとりにおいて最も大切なことは、販売員が意見を言うことではなく、お客様の意見を引き出すことです。

ですから、できるだけ早い段階で、お客様の感想や意見、好き・嫌いを出してもらえるよう、わざと隙や間を作ったり、言える空気を作りながら、販売を進める癖を付けることが大切です。早いうちにNOを引き出せば、修正ができるのです。

実際に、私は、お客様が意見を言える空気や隙を作り、自分の意見を先に言わない質問をする販売に切り替えた結果、「考えてきます」と言われることが格段に減り、売上につながりました。

販売にかぎらず相手の意見を聞きたい場合、自分の意見を先に述べてから相手に聞くと、相手の自由意志を引き出せなくなります。また、あえて言いやすい空気や、隙や間を与えないとネガティブな意見も聞けません。それを引き出せないままだから、最後の最後に、帰られてしまうのです。

販売でお客様が最も苦痛なことは、自分の感想を言えない店員に接客されることです。

だから一流販売員は、いつも自分の意見を言うよりも、相手がネガティブな情報などを言える空気や間、隙を大切にして接しているのです。

Road to Executive

一流は、NOと言える「隙」と「空気」を作る

☑ お客様の口から感想を聞き出す

欠点の伝え方

三流は、欠点を伝えず、二流は、欠点を素直に伝え、一流は、どのように伝える？

どんな商品にも長所があれば、当然ですが短所もあります。たいていの販売員は、この長所に関しては、得意げにお客様に話します。当然ですよね。これがセールストークになるのですから。

でも、反対に短所をしっかり話せている販売員はすごく少ないです。

お客様が気持ちよく買われたにもかかわらず、二度と来店されることがなかった。こういう経験は、販売員ならきっと誰もがしていると思います。

実はこの二度と来店されない理由で一番多いのが、販売員が商品の長所ばかりを並べ立てて短所を伏せていたというものです。こういう販売の仕方は三流と言っても過言ではありません。

長所だけを聞かされたお客様が楽しみに買って帰り、実際に使ってみたら聞いてない短所が不満として湧き出てきた。これって、ひどいと返品になります。

したがって、**商品の短所はきちんと伝えなければなりません。**これは販売責任です。それでは売れなくなると思う方もいるかと思いますが、うまく伝えられればお客様満足に直結する販売になるのです。

そこで、どうやって伝えていくのかを解説したいと思います。

一流の販売員は、欠点を長所であるかのように、うまく伝えています。もちろん、言い方で誤魔化すということではありません。**欠点さえも、良さとして感じてもらえるように伝達している**ということです。

例えば洋服ならば、麻（リネン）の素材なんかは、肌触りがとてもサラッとしており、とても気持ちが良く、視覚的にも涼しげなので、暑い夏にはぴったりです。ですが、なんといっても欠点はシワになることです。これを結構気にされる方が多く、購入を敬遠されることが多い素材です。

当然、シワになることを販売時に伝えないと、あとでお客様が不快に感じる場合があります。

そこで次のように伝えます。

「この素材にはリネンが混じっていますから、確かにシワにはなりやすいです。ですが、このシワ感こそがリネンの味わいなんですね。このシワも楽しんでください」

欠点に捉えられかねないシワっぽさを、味わいという表現で肯定的に伝えています。

他にも、総柄だらけの洋服だったら、

「一見、柄がたくさんあって、うるさく見えるかもしれませんが、むしろこれくらい賑やかしいほうが、地味な感じよりはいいと思いますよ」

といった風に、柄が多いことを賑やかという肯定的な表現で伝えます。

私は、ネガティブポイントを深刻そうに説明したがためにお客様を不安にさせてしまい、ダメになったいわゆる二流の販売員をたくさん見てきました。

欠点をいかに伝えるか、そこにこそ一流の販売員と他の販売員との差があるのです。ネガティブな情報は、販売員の技量次第で弱みにも強みにもなるのです。

Road to Executive

一流は、欠点を長所のように伝える

☑ 短所を正直にポジティブに話す

提案商品の見せ方

三流は、なんでもかんでもお見せして、二流は、気に入りそうな商品ばかりを見せ、一流は、どのように見せる？

「昌孝！　お客様の好みの商品ばかりを見せないの。全然、違ったタイプもお見せして！」

これは、私が20代のとき、仕事の休暇で実家に帰った際に母から言われた言葉です。実家は婦人服を販売していたのですが、私が帰省したときにたまたま展示会の最中だったので、応援に駆り出され接客をしていました。

当時、田舎町の小さな婦人服店でしたが、展示会をすれば、母親目当てにたくさんの顧客が、それこそ切れ目なく会場に足を運んでくれていました。

お客様は、お子様の卒業式に着て行かれるスーツを見に来られていたので、私が「どんなスーツがお好みですか？」とたずねたら、「紺色のスーツかしら」と言われました。そこで私は、ずーっと紺色のスーツばかりを見せていたのです。

それを見ていた母親に呼び出され、注意されたのが、冒頭の言葉です。

私は紺色が好きだと言っているお客様に、「紺色のスーツをどんどんお見せして何が悪い！」と思い、腑に落ちませんでした。なので、母の**「全然違うタイプも見せろ！」**という言葉も無視して、紺色のスーツを見せてはすすめ、見せてはすすめをしていたのです。しばらくするとお客様は、「なんだか同じに見えてきたから一旦帰るわ」と言われたのです。

それを察知した母親は、まったく違うクリーム色のスーツを片手に飛んでやってきて、「こんな、全然違うタイプは？　どう？　これだと明るくない？」と見せはじめたのです。するとお客様の目の色が変わり、「そうねぇ、やはり、紺色がいいわね」と、販売が動きはじめました。

結果を書きます。お客様に紺色のスーツをお買い上げいただきました。終わってみて、母の言いたかったことがようやく私はわかりました。

母は、私が好みのタイプばかりを見せてお客様に不感症を招かせていたのを察して、まったく違うタイプをお見せしたのです。つまり対比効果で、好みのスーツの良さを再認識させていたのです。すすめない商品をお見せすることにより、逆に、すすめる商品を明確にさせていました。

目の前で母の販売を見て、目からウロコな体験となりました。

最後に母はこう私に言ったのです。

「商品は、やみくもにお見せしてもダメ。そして、好みのタイプばかりを見せ続けてもダメ。ちゃんと**違うタイプをお見せして、より良さを引き立たせる**の。そして、すすめない商品を見せて、すすめる商品を明確にしていくの。大切なのは、引き立たせて、良さを感じてもらうことなのよ」

一見、いらないと思う商品を、あえて見せて、良さを引き立たせ伝えていく。私はわが母ながら、これが1億円売る一流の商品の見せ方なのかと感心したことが、今でも頭に残っています。

Road to Executive

一流は、すすめない商品も見せる

☑ 対比効果で売りたい商品を引き立たせる

すすめる理由

三流は、値段ですすめ、
二流は、商品ですすめ、
一流は、どんな理由ですすめる？

「レストランのソムリエのようにすすめなさい」

これは、私が販売セミナーの講師の際、「お客様に、どう、すすめればいいかわからない」という質問のときに、必ず返している言葉です。たいていは「えっ？　ソムリエですか？」とポカンとした表情をされますが（笑）。

私は**ソムリエのすすめ方こそ、究極のすすめ方だ**と信じてやまないのです。少しだけその説明をさせてもらいます。

ソムリエは、ワインセラーに入っている何百本のワインの知識が頭の中に入っていて、その中から「コレ！」といった1本をお客様におすすめする、言わばおすすめのプロ中のプロです。

ソムリエのおすすめ接客の最初は、ワインの解説や知識からはじまるわけではありません。

最初は、お客様のヒアリングからはじまります。お客様の好みのタイプ、苦手なタイプ、希望のタイプ、今日頼まれたお料理、最後に予算。これだけ聞いて、ワインセラーに入ります。そして、何百本から選び抜いた1本を持ってきて、今度はソムリエによるワインの説明（提案）がはじまります。

そしてワインが断られることは、ほぼありません。何ゆえだと思いますか？

それは、予算も含めてお客様のヒアリング（情報）がベースになって選ぶからです。たった1本ですが、**お客様のために選んだ1本として最強の説得力がある**のです。同時に、お客様にしたら「私のことを知ったうえで、選んでくれた、私だけの1本」という気持ちになるのです。

何を言いたいか？

ものをすすめるうえで、お客様の情報を下にすればするほど説得力があり、お客様満足を得られるということです。

昨今の店頭を見ていてすごく感じるのは、すすめ方が一方的というか、お客様の意見や状況を重視するというよりは店側の売りたい理由ですすめている傾向にある、ということです。

値段ですすめるのは、典型的な店側の勝手な理由ですし、打ち出しのおすすめ商品をすすめるのも、店側のお得商品を勝手に提案しているにすぎません。言い方は乱暴かもしれませんが、お客様情報なきおすすめは、押し売りと言っても過言ではありません。

一流の販売員にはなぜ説得力があり、しかもお客様が喜んで買っていかれるのか。その秘密は前述した通り、おすすめする理由がお客様のヒアリングがベースになっているからに他なりません。

お客様の不安、要望、好みを、まずはヒアリングしてインプットする。この情報の受け皿となる商品を持ち出してきて、お客様の情報を下にお客様へメリットを伝えると共に、おすすめする。このようにされたら、それこそ断られるお客様のほうが稀だと思うのです。

Road to Executive

一流は、お客様情報ですすめる

☑ きっちりヒアリングをして
商品を提案する

お客様情報

三流は、お客様の日常生活だけを把握し、二流は、お客様の好みの傾向を把握し、一流は、何を把握する？

「お客様は、いつも同じ買われ方をするの。だから、必ず買い方の癖を覚えておきなさい」

これは、私の母から教わった数少ないアドバイスです。

私の母は、8000人の小さな田舎町でありながらも、地域一番店を作り、自ら1億円を超す売上をたたき出す一流の販売員でもありました。それゆえ、私が30歳で呉服チェーンを退職し家業を継いだ際も、展示会になれば母目当てのお客様でお店はごった返していました。

そんな展示会の日、お店には顧客が何人もいらっしゃるわけですが、当然母の体は1つしかありません。ゆえに、私も手伝いで母の顧客に販売をすることになるのです。

その際の母親からは、こうアドバイスを裏で受けます。

「あの小林さんというお客様には、このコートと、このコートをお見せして。ただ、決めるときは、絶対に一晩考えてからじゃないと買われない方だから、無理におすすめしちゃダメ。

それと、あの斎藤さんは、私が直接すすめないと購入されないから、気に入った洋服が見つかったら私をすぐに呼んでくれる」

いつも感心したのは、母親はお客様の買い方の癖がしっかりと頭の中に入っていて、それに即したすすめ方を私に指示してくることです。

そして、売り出しが終わった夜に、よく冒頭のアドバイスを母親から私は受けたものでした。

確かに母親の言う通り、**すぐに決められる方はいつも即決されるし、誰かが背中を押さないと決断されない方は絶対に一人で決断されることはありません。**

買い方こそお客様それぞれの癖なのです。

そして、その癖に即してすすめてくれる人こそが、お客様が安心して接客を受けられる販売員なのです。

お客様情報と言うと、普通は、趣味とか、性格、外見といった一般的な情報から、気になっていた商品、買われた商品、次回提案する商品、といった販売の内容がほとんどで、それ以上を気に留めることは少ないかもしれません。

ですが、**最も大切で重要なお客様情報は、お客様の買い方です。**

お客様が購入されなかった場合に、されなかった理由を情報メモに書いておくことはあっても、買われた際の買い方の情報をこと細かに書いている販売員にはなかなか出会いません。

すぐに決められないお客様に無理にすすめたら、二度と来店されないでしょうし、背中を押してこそ買われるお客様ならば、思い切ってすすめてあげるのもお客様への愛です。

販売員の真価が問われるのは、買い方の癖に沿ってお客様なりのおすすめができることです。

Road to Executive

一流は、お客様の買い方の癖を把握する

☑ お客様がどのように買ったか覚えておく

突然の質問

三流は、即答できず、二流は、店側視点で答え、一流は、どのように答える？

私はコンサルタントとして、お店の覆面調査の仕事もご依頼いただくことがあります。覆面調査という仕事は文字通り「調査員」という身分を隠して、お客様として接客や販売を受けてその評価をする仕事です。

その際、接客調査の評価項目に「アドリブ」という項目があります。販売員に突然に質問をしたとき、どうアドリブで答えたかを評価するのです。結構、意地悪な項目なのですが（笑）、これがその販売員の本質を浮き彫りにさせるのです。

ここではその評価のポイントと、実際にどのように答える販売員が合格なのかを述べていきます。

調査対象は、飲食業、物販業です。この業種はまったく違う接客スキルを必要としているように思われますが、求められるスキルは一緒です。**いかにお客様に寄り添った対応ができているか。**その1点に尽きます。

そこで、接客調査のプロとして、アドリブに対する一流と二流、三流の実例を書きたいと思います。お客様に寄り添うアドリブとはどういうものか、一考いただければと思います。

例：レストランの場合

（店員に「このお店のおすすめってありますか？」と聞いてみたとき）

三流「えーっと、そうですね」と、即答できない。

二流「当店では、こちらがおすすめです」と、店側のおすすめだけを伝えてくる。

一流「お客様の嫌いな食材はございますか？　なければ、こちらがおすすめでございます」と、まずお客様の好き嫌いを聞いてから、おすすめを提案する。

例：アパレルショップの場合
（ショップ販売員に「私に似合う服って、どんな感じですか？」と聞いてみたとき）

三流　「えーっと、そうですね……」と、即答できない。
二流　「そうですね、こんな感じはいかがでしょう」と、店側のおすすめを提案してくる。
一流　「お客様でしたら、ご身長がすらっとされていてお顔が小さいので、こんな感じが……」と、お客様の特徴から似合う服を、提案してくれる。

これが、接客調査から見た、販売員のアドリブ一流、二流、三流の基準です。

両方に評価基準が共通していることがわかると思います。

三流は、答えが用意されてなく、二流は、店側の都合から答えているのです。

どの業種でも、お客様の立場になって答えてくれる販売員こそが、一流だと私は痛感しています。

Road to Executive

一流は、お客様の立場で答える

常に「お客様だったら」と考える

セット率

三流は、見せたもののすべてをすすめ、二流は、1点ずつ足し算ですすめ、一流は、どのようにすすめる？

「柴田さんの最高の客単価はいくらなんでしょうか？」

販売セミナーの講師をやっていると、相当説得力あると思われるのか、質疑応答で聞かれます。そのとき、私は「20代の呉服販売をしていたときの1客500万円です」と素直に答えます。

すると決まって「そんなにセット率を上げるのって、やはり、柴田さんって相当押しの強い販売をされるのですね」と言われます。

いやいや私の販売は、むしろ逆です。押しどころか、引きの販売なのです。これは冗談ではなくて本当です。

最近の不況や客数が伸びない店事情においてはセット率を上げて、売上を上げたいと思うお店が増えています。むろん、そうなると、見せる商品すべてをすすめてくるといった三流の販売員が急増します。

通常セット率を上げようと思ったら、1点決めたらもう1点を提案し、さらにおすすめしていくといったような、丁寧に積み上げる足し算形式の販売をする販売員がほとんどだと思います。

よく路面の紳士服チェーンなんかでは、スーツを決めると「シャツとかはお持ちですか？」と提案し、それも購入が決まれば次は、「これに合ったネクタイはどうですか？」といったようにすすめます。

ですが、これだと「もういいです」と、途中で断られるのがおちです。**積み上げ式販売の欠点は、相当効率よくやらないかぎり、時間切れになってしまうのです。**また、「もう勘弁して！」となる場合も少なくありません。ですから、これは二流のやり方と言えます。

セット率を上げる販売とは、一見積み上げていって複数点売るような足し算販売のように思いますが、むしろ逆なのです。たくさん見せて、いらないものを明確にして、引いていくのです。「何点残るか？」という引き算販売をします。

一流の販売員は絶対に引き算です。

「たくさんお見せしましたが、この中でも○○は今ご購入しなくてもいいと思います。でも□□は、今日しかない商品なのでおすすめします」

このように、たくさんお見せした商品の中から、おすすめしないものを理由を述べながら引いていき、おすすめしたい商品をより明確にします。

極端な話、1000万円を見せて、500万円いらないから引いて、残ったのが500万円分の商品だったという考え方です。

押しが強い販売員がセット率が高いとか、1つ1つ粘って売っていく販売員がセット率が高いわけではありません。**とんでもないセット率で売る一流の販売員は、大きく見せて、引いていくのです。**それで、残った商品が売上となるのです。

Road to Executive

一流は、たくさん見せて引き算ですすめる

☑ おすすめしないものを除いていく

Chapter 5

一流の「クロージング」とは？

試着誘導

三流は、何も言わずに試着をすすめ、二流は、気軽にどうぞと試着をすすめ、一流は、どのようにすすめる？

販売において、試着をするかしないかで、買い上げ率は3倍違うと言われています。それほど、お客様にとっては、決断するための大きな材料であると同時に、販売員にとっては、売上へのステップとして、非常に重要な販売過程となります。

ですが、実際の販売において、接客から試着までスムーズに流れる販売ってどれくらいあるでしょうか。もちろん、私もその統計数字は持ち合わせていないのですが、試着率が50％もあれば、大変優秀となるのではないでしょうか。それくらい、試着へのハードルは高いものです。

「もし、よろしかったら、試着してみられませんか？」

「あ、結構ですので」

と言った風に、曖昧な返答をされて、試着をしてもらえないというパターンが多くあります。

試着していただけない。いわゆる、試着の壁となる理由は、いろいろあると思いますが、一番大きいのはお客様の警戒心だと思います。**「着ると間違いなくすすめられる」という警戒心です。**

また、人によっては、**試着して買わないのも悪いという、大変日本人らしい「申し訳ない」という理由**も多いのではないでしょうか。もうちょっと突っ込んで言えば、「買うと期待をさせたくないという心理」でしょうか。

そこで、試着をほとんど断わられない達人たちがしている試着誘導法をご紹介したいと思います。それは、理由を付けて試着に誘導するという方法です。

そもそも、試着したら買わないといけないという警戒心が、試着のハードルを上げているわけですから、「試着の目的＝購入」ではないことを提案すればいいわけです。

例えばこんな感じです。

通常ならば、「下見されませんか？」と、ダイレクトに提案誘導するところを、

「よろしかったら、『下見』として、試着されませんか？」

と「下見」という理由を付けてあげる。

今日は、買わないからと言われるお客様なら、

「よろしかったら、『イメージを知る』という意味でも試着されませんか？」

といった具合です。

お客様の試着理由を付け加えるだけで、グッと試着承認率は上がります。

これには、ちゃんとした心理学的な裏付けもあります。理由を付けると行動しやすくなるという**「カチッサー効果」**と言われるものです。人は、相手に理由を付けてもらうと、安心して行動を起こせるのです。この安心してというのがポイントなのです。

試着したい商品というのは、気に入ってはいるが買うまではないという微妙な商品です。ゆえに、「試着はしたいが、買うための試着と思われたくない」という心理が働いてしまうのです。

そこで一流の販売員は、「カチッサー効果」を使い、安心して試着をしてもらうのです。

Road to Executive

一流は、試着に理由を付けてすすめる

☑ 安心感を与えて試着してもらう

一押し

三流は、とにかく「いいですよ」と言い、二流は、商品の良さを理屈で訴え、一流は、どうする？

広告代理店に勤務する友人から聞いた話ですが、旅行代理店のチラシや、広告、パンフレットを作る際、使用する写真の枚数と成約率は比例しているらしいです。

わかりやすく言えば、ハワイのツアー企画のチラシを作る際、ビーチ、買いもの、ホテル、観光スポットなどの写真枚数が増えれば、それだけ制約数（売上）がアップするらしいのです。

これは、何を意味するのか。ざっくり言うと、写真の枚数が多いほど頭の中に旅行イメージが湧き、行きたくなるということです。

これは、別に旅行にかぎったことではありません。私は昨今、カフェ事業のプロデュースもさせていただく機会がありますが、飲食店のメニューも同じです。メニューに写真が付いているかどうかは、本当に重要です。

メニューの写真を見ることで、次に食べたい料理がダイレクトにイメージできているので、再来店していただける確率が増していくのです。

当然、物販も同じです。ただし、物販の場合は写真だけではありません。販売員がお客様の頭に中にイメージさせるのです。

アパレルを例にすると、洋服を着ていく場所や、着姿まで、しっかりとイメージしてもらえれば、買っていただける確率が飛躍的に上がります。しかし、洋服を置いて、商品説明をしているだけではイメージなんて湧きません。

そこを売れる販売員は、熟知しています。

鏡の前へ誘導し、商品を身体に当てて雰囲気を感じていただいたら、次に試着していただき、より着用のイメージを描いてもらいます。そして、その洋服をいつ、誰と、どこに、どういう風なコーディネートで着ていくかまで、販売員のトークでイメージを作り上げていくのです。

このときに、売れる販売員が意識的に使っているのが、**「if（イフ）話法」**と呼ばれる仮定話法です。お客様の頭に描いてもらうために、トークを「もし（if）〜」で、はじめるのです。

「もし、お客様だったら、この洋服でどこに着て行ってみたいですか？」

「もし、お客様だったら、このニットにどんなスカートを合わせますか？」

「もし、この服でディズニーランドなんかに行かれたら、元気なイメージですごく映えますよ」

このようにすることで、お客様の頭にイメージを具体化することができます。

これはお客様からお金をいただく流通サービスの本質的な売り方ではないでしょうか。その商品を購入した光景をよりリアルに頭に描いていただき、そのイメージの実現の対価として売上という代金をいただくのです。

Road to Executive

一流は、使用イメージを描かせる

☑ 仮定話法を使ってイメージを膨らませる

褒め方

三流は、「似合っていると思いますよ」と褒め、二流は、「似合っています」と褒め、一流は、なんと言って褒める？

最近プライベートで洋服を買いに行き、気に入った服を試着したとき、店員さんから「似合っています」と褒められても、私がひねくれているのかもしれませんが、「客が気に入っている商品を、販売員が否定するわけがない！」という頭で聞いてしまいます。だから、実はそんなに嬉しくないのです（笑）。

販売員は、お客様が気に入っている服なら、ほぼ「似合います」と言うはずです。

最近そんな風に、褒められることに不感症な私なのですが、すごく嬉しい褒められ方があります。

それは、「似合いますね」ではなく、「この服でしたら、絶対に周りから『似合ってますね』と言われますよ」という褒められ方です。

何が違うかといえば、第三者目線で褒めてくれている点です。私は、利害関係のある店員の感想より、「他人がどう思うだろう？」という第三者の感想がすごく気になるからです。

昔は、洋服にプロフェッショナルなアパレル店員が多く、店員から褒められたら、それこそ誰もが喜んだし、褒める効果があったと思うのです。

しかし、派遣店員や、それこそ人材不足で洋服が好きでもない洋服販売員が増えた今（もちろんプロフェッショナルな販売員もたくさんいます）、「似合っていると思いますよ」と、自信なさそうな口調で言う方も多く、そのまま額面通りには喜べないのです。

だからこそ、前述した**「第三者からどう思われるか？」という切り口で褒められると嬉しいのです。**

実際に私の知るトップ販売員のほとんどは、**「代弁話法」**という第三者の言葉や視点を使った販売話法を駆使し、商品の良さをリアルに伝えています。

例えば、お客様の試着しているコートの着心地の良さを伝えたい場合、販売員自身が「そのコートは、カシミアで、すごく着心地が良いのです」と伝えるのではなく、「そのコートは、試着されたお客様すべてが、『着心地が良かった』と、言ってくださるカシミアのコートです」と伝えるのです。

販売員がそのまま褒めても、それは販売トークにすぎませんが、代弁話法にすれば「お客様たちの声」と化すのです。

また、この代弁話法は、汎用性が高く、「他のたくさんのお客様からも○○と言っていただいてます」という使い方をすれば、いろんな場面で活用できます。

もちろん、作り話ではいけません。普段から、お客様の言動に耳を傾け、他のお客様の声自体を販売に生かしていくのです。

よく「猫の手も借りたい」と言いますが、それこそ一流販売員は、第三者の声も借りて、よりリアルに伝えているのです。

Road to Executive

一流は、
「似合うと言われますよ」
と褒める

☑ 第三者の声を利用する

提案数量

三流は、商品をたくさん見せ、二流は、商品を2点見せ、一流は、どのくらい見せる？

「お客様を迷わせてしまうのは、販売員の責任である」

これは、私が呉服販売をしていた頃、店長から口酸っぱく言われていた言葉です。

というのも、私の新人時代は、お客様に「ちょっと、頭を整理して、考えてくるわ」と言われて帰られてしまうことがほとんどだったからです。それなのにまだ未熟だった私は、どこかで「迷うのは、お客様が優柔不断だからだ」と思っていました。

それを見抜いた店長が、お客様が悪いのではない、お前の販売のやり方が悪いのだと教えてくれたのです。

確かに当時の私は、お客様から好きなタイプの商品を聞くと、それに合うような商品を何点も持ってきて、気に入る商品が出てくるまで見せ続けるといった提案の仕方をしていました。

しかしこの方法では、商品を見すぎたお客様は何がいいのかわからなくなってしまいます。もしかしたら、私自身もわからなくなっていたかもしれません。これでは三流です。

そんな私に、トップ販売員でもあった店長はこうアドバイスをくれました。

「柴田、商品は常に3つから選んでもらえ。三択だ。少なくても、多くてもダメだ」

不思議に思った私は、

「3つですか？　なぜ？」

と即座に聞き直しました。

すると、こんな風に教えてもらったのです。

「1点や2点だとお客様は見足りないと思い、4つも5つも同時に見せられると多すぎて迷ってしまうんだ。

選びやすい見せ方をすることがコツだ。選びやすい、それが、3つなんだ」

私は店長に教わったあと、その他のトップ販売員の提案を注視しはじめたのですが、ほとんどの販売員が迷わせない「3つ提案」をしていました。

確かに、世の中のいろんな選択肢は、3つが圧倒的に多いです。
和食の料理店などに多い松竹梅なんかも3つから選ばせていますし、コーヒーショップのスタバやタリーズなんかもそうです。「ショート、トール、グランデ」（その上の特大もありますが）の3つが主です。フランス料理などのランチも、多いものは、3つのコースから選んでくださいというものです。牛丼の「並、大、特盛」なんかもそれに類似した選ばせ方かもしれません。

さらに**三択は、「大・中・小」や「多い・普通・少ない」のように、四択、五択よりも圧倒的に説明もしやすいのです。**

お客様が選びやすく、販売員が説明しやすい。それがタイプ違いの三択なのです。お客様は多すぎると迷い、少ないともの足りない。一流は、ちょうど選びやすく、迷わない接客をしているのです。迷わせない提案とは、決めやすい提案のことを指します。

あなたはお客様が選びやすい提案をしていますか？

Road to Executive

一流は、タイプの違う3つの商品を見せる

お客様が選びやすいようにする

お客様の不満

三流は、「そんなことないです」と強く否定し、二流は、「そうですね」とお客様の不満を肯定し、一流は、どのように答えている？

「なんか、この洋服気に入ってはいるんだけど、この柄が気になるのよね」

とお客様に聞かれたとき、あなたはなんと答えていますか？

「そうですね。確かに、この柄すごく気になりますね。じゃ、この品はやめましょう！」

と、あっさり言いますか？　きっと言いませんよね。

正直言って、お客様の気になるところすべてに、こんなやりとりをしていたら、オーダーメイドの商品を作らないかぎり、気に入ってもらうことはできません。

そんなとき、一流の販売員はどうしているのか。そんな説明をしたいと思います。

私は、**人の感じ方というのは、伝え手のフィルターを通した印象により変わってくるものだ**と思います。

わかりやすく説明します。

以前、ＢＳ放送の外科手術のドキュメンタリーを見ていたら、世界的名医が、こんなことを話していました。

「成功率９割の手術を、ご家族に説明する際、

【10人中９人は、成功する手術です】と、伝えれば、安心して手術をうけてくれるが、

【10人中１人が、失敗する手術です】と、伝えれば、不安を与えて尻込みしてしまう。

『成功率９割』も『失敗率１割』も同じことなのですが、結局は伝え方次第なんです」

この言葉に私はひどく共感しました。この話を簡単に言えば、**ものは言いようで、どう捉えて、どう表現するか**です。

一流の表現や考え方は、この「ものは言いよう。ものは考えよう」だと、私は思います。

私はサッカーが好きなのですが、元日本代表の本田圭佑選手はこう言っています。

「（日本は）世界の中で一番課題が多いです。でも、その課題の多さにのびしろを感じています」

この発想だと思うのです。

物事には、どう捉えるかの二面性があり、表裏の考え方を変え、表現を変えていくことで、印象を変えていくのです。

例えば、1点しかない商品があります。「残り1点になった売れ残り品」という見方もできますが、「残り1点しかない人気商品」という見方もできるのです。同じ事象でも、捉え方で印象が180度変わるとはこういうことです。

些細な言い回しの違いが大きく印象をコントロールしてしまいます。実は、一流の販売員と、他の販売員が与える印象の違いとは、こんな視点を変えた表現の違いにすぎないのです。そして、それが売上の差となるのです。

ちなみに、冒頭のお客様の言葉に、一流の販売員が答えるときっとこうなります。

「そうですね。ですが、この柄があるから、バランスがいいのだと思いますよ。だって、ないとすっきりしすぎませんか？」と。捉え方の差が、表現の差となり、印象の差となり、最終的に結果（成果）の違いとなるのです。

Road to Executive

一流は、「だからいいんですよ」と、表現で印象を変える

☑ 視点を変えてポジィブな表現を使う

不安解消

三流は、不安に気づかず、
二流は、不安がないかを聞き、
一流は、どのように対応する？

お客様が気に入られた商品で販売をすすめていくと、お客様は最初に気づかなかったさまざまな疑問や質問が湧いてきます。「このサイズでいいのかしら？」や「長く着れるのかしら？」や「だいたい、いつぐらいまで着られるのかしら？」という具合です。

気に入れば気に入るほど、不安が湧いてくるのです。

そのときに、**お客様がその不安を言ってくれるのであればいいのですが、疑問を抱えたまま「ちょっと考えてきます」と帰られる場合があります。**むしろ、こちらのほうが多いかもしれません。

そこで、このような場合、売れる販売員はどうしているかを説明します。

販売員はお客様の不安にどう対処するかで、その手腕が問われます。不安に気づかず、スルーしている販売員は問題外（三流）ですが、お客様からお聞きして出てきた不安点をあとから説明するのも、売りたいがための後付けの言い訳に聞こえたりする場合があるので、あまり好ましくありません。

売れる販売員は、お客様が明らかに抱くであろう不安を予想し、先に説明しています。

これを外堀を埋める、**「外堀販売」**と呼びます。

「外堀を埋める」とは、戦国時代などに相手の城を攻める際、城の外堀を埋めて周りを囲むことで攻めやすくするという伏線的な戦略です。

アパレルの販売なら、すぐに「お客様に買ってください！」とはすすめずに、

「もしかしたら、派手に思われるかもしれませんが、そんなことはありません」

「もしかして、丈が短いと思われるかもしれませんが、ちょうどいい具合です」

「もしかして、すぐに着れなくなるのではと思われるかもしれませんが……」

「もしかして、ちょっと高いかなと思われるかもしれませんが……」

などと先に言います。

このように「もしかして」と不安を先に代弁して、お客様が抱きそうな商品不安を言わ

れる前に消しておきます。

このメリットは、お客様に安心していただく効果は当然ながら、先に言うことによって**お客様の質問に対して商品を売りたいがために都合よく返答している、と思われなくする効果もあります。**

また、先に不安を打ち消すことにより、ちゃんとお客様の悩みに寄り添った信頼感を生み出すことにも成功しています。


販売員として一番悲しいのは、お客様の不安を解消する説明の場も与えてもらえずに、お客様が不安をそのまま持ち帰ることではないでしょうか。

お客様の抱かれる不安を、お客様から質問される前に説明をして、不安を打ち消してしまう「外堀販売」をぜひ、実践してみてください。

Road to Executive

一流は、外堀を埋めて不安を消す

☑ お客様が不安に感じるだろうと思われることを先回りして進言する

購入への不安

三流は、似合うかどうかの不安だけ消し、二流は、品質や価格の不安も消し、一流は、さらに何の不安を消す？

お客様は、なぜ買わなかったのか。

お客様が「また、考えてきます」と言って帰ってしまったとき、この質問に具体的に答えられる販売員は少ないと思います。

ですが、1つだけこの質問に当てはまる答えがあります。それは、お客様の不安を販売員が消すことができなかったということです。

もっとわかりやすく言うと、すべてのお客様は、買いものに対する不安を抱きながら入店されます。その不安をすべて消し去ってあげることができたなら、お客様は間違いなく購入されます。しかし、その不安が1つでも残れば、お客様はそのままお店から帰られます。

販売とは、お客様の「買う不安」を1つ1つ打ち消していく、それだけのシンプルな仕事なのです。

では、どんな不安を消せばいいのでしょうか？

まず、最初の不安は、「似合うかしら？」という不安です。

これは、一番最初に打ち消さなくてはいけません。だって、洋服にしろ、宝石にしろ、呉服にしろ、身に付けるものに関しては、自分が似合っているのか、似合っていないのか、これはなかなか自分では判断できないからです。それこそ、プロのアドバイスを受けて解消したい最大の「不安」です。

次に消す不安は、商品への不安です。

商品不安は、2つです。この商品の品質は、「大丈夫かしら？」という品質の不安。それと、「この値段は、高すぎるんじゃないかしら？　安すぎるんじゃないかしら？」という値段の不安です。

そして、たいていの販売員は、ここまでの不安を消すので精一杯です。

しかし一流と言われる販売員は、「今日、買ってもいいのかしら?」というお客様自身の中に潜む、メンタル部分の不安を消します。商品が良し、値段も良しでも、最後に悩まれるのは、これが理由です。この不安を消してあげるのが、販売員の最大の使命と言っても過言ではありません。

そこで一流の販売員は接客の最初の時点で「今日は、ちょうどフェアをやっているので、見ていただくにはいい日ですよ」と、今日という日の価値を上げる伏線トークをしています。いわゆる、「いい日である」という告知をして販売をはじめているのです。

これを伝えておけば、最終的に買うか、買わないかの土俵に商品があがったとき、「気に入っていらっしゃれば、今日買っておくと損しないと思いますよ」と、今日買うメリットを自信を持って伝えられます。**一流が大切にしているのは、商品価値と同じくらい、今日という日の価値です。**

私は心から「買いものとは出会い」だと思っています。人と人の出会いと一緒で、お客様と商品もジャストなタイミングで出会っています。そのタイミングを大切にして、今日買う奇跡を演出するのが、一流です。

Road to Executive

一流は、今日買っていいのかしら？のメンタル的な不安を消す

☑ 買うタイミングであることを伝える

意識

三流は、レジまでが販売と考え、二流は、お客様を見送るまでが販売と考え、一流は、どこまでを販売と考える？

皆さんは、お客様が買っていただいたあとのことをどれだけ想像できているでしょうか。これこそがお客様目線を大切にしているということです。

お客様に買っていただき、お客様を見送ってしまえば、販売の仕事が終わったというような考え方をしている販売員にたくさん会います。これは二流の考え方です。むしろ売れたあとに対する気遣いのほうが大切なのです。

先日も指導先の専門店で、スタッフが買っていただいた洋服を雑なたたみ方でくしゃくしゃの状態で包装し、お渡ししようとしていたので、すぐに指導しました。

「〇〇さん。あなたにしてみたら、レジまでが仕事だと思っているのかもしれないけど、お客様は、家に帰り商品を手に取ったときからが、洋服との付き合いがはじまるんだよ。

そこまで考えたなら、この包装の仕方はないんじゃないか？」

このように耳障りだと思われることを承知で指導しました。耳障りなほうが彼女の心に残ると思ったからです。

販売員にとってはレジで終わりかもしれませんが、**お客様はレジのあとから、もっと言えば、自宅に帰って商品を開けたその瞬間から買いものを実感しはじめる**のです。レジまでが販売と考えていたら、それこそ三流です。

その開いたとき、買った服がぐしゃぐしゃになって入っていたら、買いものが減点されると思いませんか？

私が勤めていた呉服チェーンで、当時２０００名の中のトップ売上だったYさんから教わったことが今となっても忘れられません。

「柴田さん、商品のご納品のときは、必ず感謝の気持ちを込めたメッセージカードを着物の上に添えて包装し、お渡しするのよ。なぜだか、わかる？

私は、買ったあとから、お客様に『あぁ、この人から買って良かった』と、感動して欲しいと思っているの。メッセージには『私は、買ったあともお客様のことを思っています』という意味を込めているのよ」

私は、**「買ったあとほど、お客様を大切にする」**という姿勢にすごく感動しました。その経験があったから、私は独立後も買っていただいた商品にメッセージカードを添えるというサプライズを習慣化させました。

買ったあとの再来店率が高かった理由の1つに、そのメッセージがあったのではないかと私は思っています。

昨今は、売れれば良くて、売りっ放しや、売ったあとなんておかまいなし。といった販売員によく出会います。仮に売りっ放しの販売員がとんでもない売上を上げていたとしても、私は一流とは認めたくありません。

売上はトップかもしれませんが、私は一流の販売員ではなく、販売マシーンだと思ってしまいます。一流ならば、売れたあとにこそ、お客様への愛情を示しましょう。

Road to Executive

一流は、商品を使うときまで販売員の仕事と考える

☑ お客様が使用している姿を思い浮かべる

Chapter 6

一流の「印象作り」とは？

販売員の印象

三流は、口がうまい印象で、二流は、説得力のある印象で、一流は、どんな印象？

私は、150名の販売員を擁する専門店企業の社長を20年近く勤め、百貨店や駅ビル、ショッピングモールなどで数え切れないほど研修し、いつも「ものすごく売れる販売員」を目にする立場にいました。いわゆる一流の販売員を何人も見てきたつもりです。

そんな経験の中から、皆さんにお伝えしたことがあります。それは一流と言われる販売員たちの共通する印象です。あまりに意外な共通点だけに、私はどうしても本書で伝えたいのです。

一流の販売員という言葉から、皆さんはどんな印象の販売員を想像しますか？

私は実体験を通していなかったら「口がうまく、お客様をのせてしまう販売員」とか「頭の回転が速く、説得力のある販売員」といった印象をきっと持っていたと思います。

でも、ものすごく売れる販売員の共通点は、実際はまったく違っていました。

私が見た一流の販売員たちは、お客様が断りやすく、帰りやすそうな雰囲気があるのです。意外じゃないですか？

普通、販売員は、お客様に断られたくない、帰られたくないからこそ、話術を磨き、応酬話法や商品説明を覚え、隙のない販売スキルを身に付けます。いわゆる、武装していくというイメージです。

しかし、これがお客様から逃げられてしまう原因になっているのです。

だって、考えてもみてください。武装された断れない販売員であればあるほど、怖くないですか？　帰してくれない販売員であればあるほど、帰りたくなりませんか？

皮肉なもので、**人は断れそうな人からの話だと、最後まで聞いてしまうのです。いつでも帰れそうな人だからこそ、最後までいてしまうものです。**

そう考えると、見えてくるものがありませんか？

これが、一流販売員がやっている「お客様がずっと長居し、いつの間にか買ってしまう」

というマジックのタネです。

当たり前の話ですが、**第一印象から「うわ！　口がうまそうで、捕まったら買うまで帰れなさそう」と感じる販売員に出会ったら、お客様のほうから逃げてしまいます。**

どんなお客様でも例外なく、いつでも帰れる、いつでも断れるという保険が欲しいものです。その保険がかかっている販売員が、一番人気があり、お客様の心を開かせ、お客様の本音が聞けるのです。だから最後に、売上を持っていくのは当たり前ではないですか（持っていくという表現はお許しください）。

私は、そういう販売員を一流と呼びます。

最近、売れる販売員が減ったのは、「売ろうとする印象が強い販売員」が増えて、「断れそうな対応をしてくれる販売員」が減ったことが、一因にあると思います。

Road to Executive

一流は、断りやすい印象

緊張感を与えない

距離感

三流は、なれなれしく接し、二流は、いつも丁寧に接し、一流は、どのように接する？

接客コミュニケーションの一番の目的は、心の距離を縮めることです。口で言うのは簡単ですが、これがいかに難しいかは、私も店仕事一筋の男なので、もちろんわかっています。それゆえに、私の接客セミナーでは、「柴田さん、心の距離を縮めることができなくて困ってるんです。どうしたらいいですか？」という質問が、必ず飛んできます。

そこで、簡単な秘訣をお伝えします。

お客様との心の距離を縮めることは、黙っていてはできません。まして、相性とか言っていては、できるはずがありません。プライベートな関係ならば、出会う回数も多く、時間も作ることも可能ですが、ビジネスとなると時間も回数もかぎられています。それゆえに、親密感をこちらから意図的に作り上げなくてはいけません。

販売業でいう心の距離を縮めるとは、近しい関係性の世界観を作り上げることです。

私が旅館組合で講演をした際に、名だたる女将さんたちから「何度も会ったかのように接する」のが、急速に心の距離を縮める秘訣だと教えてもらいました。

これには、思い当たる節があります。

旅館に行くと仲居さんから「いつもありがとうございます！」と、はじめてなのに「いつも」という言葉と共に、すごく親しげに接してもらえることがあります。すると、「あれ、どっかで会ったかな？」と思ってしまうのです。

もちろんはじめて会う方なのですが、そんな接し方をされると、こちらの警戒心が消え、本当に前から知っていたような空気になり、すごく話しやすくなるのです。

また、私の行きつけのすし屋にはじめて行った際も、この旅館の女将から教えていただいたのと同じような対応をされたのを覚えています。

暖簾《のれん》をくぐると、大将が「毎度！　いらっしゃい！　何にしましょ？」と、はじめて行ったお店なのに、「毎度」という言葉と共に親しげな対応をしてくれました。それこそ、何度も来店していると錯覚を起こすような接客を受けたのです。

すると、なんか常連扱いされたような気になり、次回も来店したくなってしまうのです。

私なんてその対応にやられて（笑）、それからずーっと今まで通っています（笑）。

私が言いたいのは、**親近感を覚えるというのは、会う回数ではない**ということです。

例えば、毎日会っていても距離が遠いままの会社の上司もいれば、たまにしか会わないけど、すごく近くに感じる取引先の方もいます。たとえ家族という関係性でも、心が通じ合わない場合もあります。

そう考えると、少ない回数でも親しくなるには、自らの接し方によるのです。

いつまで経っても真顔で敬語しか使わない販売員より、早い段階で笑顔の親しみある言葉で接してくれた販売員のほうが近くに感じてくるのは当然です。

なれなれしいのは論外ですが、何回も会ったかのような振る舞いをこちらから思い切ってやってみることからはじめましょう。

「会った回数は少ないけれど本当に親し気に接してくれるんで、つい来ちゃうんです」。

私の知りうる一流たちは、こんな風にお客様から言われています。あなたはどうですか？

Road to Executive

一流は、何回もあったかのように接している

☑ はじめて会うのに常連のように接する

売る気

三流は、売る気がすぐに見え、
二流は、売る気をひた隠し、
一流は、どうする？

売る気をいかに見せないか。

最近のお客様の対面販売離れに対し、こんな販売指導をはじめている百貨店やショップが増えました。コロナ禍以降は特に客数が減り、よりその傾向は強くなっていると感じています。

この傾向の理由は明らかです。ネットへの苦情です。**ネットで一番多い不満投稿が、「あそこのお店の販売員は、売る気まんまんで嫌だ」**なのです。

以前は、お店への不満は直接の苦情という形でないと見えなかったのが、誰もが1台のスマホを持ち、お店への不満をネットで簡単に投稿できるようになりました。それゆえ、販売員が「売る気」に過敏になるのも理解できます。

ですが、私は「売る気を隠す」「売る気を見せない」という販売に対し、少し「？」を感じています。

そもそも「売る気があること」が悪いのではなくて、「すぐ、売る気が見えたり（すすめたり）」「不快な売る気が見えること」がお客様は嫌なのです。

考えてみてください。「販売＝売る仕事」なのですから、売る気のない販売員なんて、極端な言い方をあえてしますが、職務放棄じゃないですか。むしろ、販売員として売る気がない方がお客様へサービスしているのは、いかがなものかと思ってしまいます。

それでは、そもそも不快な「売る気」とはなんでしょうか？

それは、なんでもすすめる！　すぐにすすめる！　無理にすすめる！　です。

こんなすすめ方をされたら、そりゃ、嫌になります。

すぐに売る気が見えるのは論外ながら、私が見てきたたくさんの一流の販売員に売る気を隠す方はいませんでした。

「売る気」は隠すのではなくて、うまく表現するのです。「売る気」はあって当然だからです。

「売る気」というのは、裏を返せば店員のお墨付きのようなものです。だから、ちゃんと対象商品があり、この商品だったら間違いないというタイミングでうまく売る気を表現できたら、実は販売員としての信頼とお客様の安心感につながるのです。

私の尊敬する販売員たちは、「買って損しませんよ！」と、さりげなく笑って言ってました。

私の部下だった1億円ショップを作る店長は、「買っておかれませんか？」と、シレーッと売る気を出す達人でした。呉服チェーンの売上ナンバーワンYさんは、「買っておいていいじゃない？」とさりげなく、笑顔で売る気を見せていました。

タイミングを見てお客様に寄り添い、感じ良くさらりと売る気を見せると、それがお客様からの信頼になりうるのです。

学ぶのは売る気の隠し方より、笑顔で感じのいい堂々とした出し方です。

Road to Executive

一流は、売る気をうまく表現する

☑ 絶妙なタイミングで売る気を見せる

説得力

三流は、マニュアルのままのトークをし、二流は、商品の価値を上げるトークをし、一流は、どんなトークをする？

例えば、同じマニュアルを使って、同じようなことをお客様に話す。それなのに、売れる販売員、売れない販売員という差が出てくる。なぜだろうと思ったことありませんか？売れる販売員と売れない販売員、言ってることなんてそんなに変わらないはずなんです。売れる販売員が「絶対に欲しくなって、買っていただける必殺のトーク」を使っているなんてこともありません。

私は中堅と言われる販売歴3年～5年の頃、生意気ながら「店長と同じ台詞をいっているのに、なんで店長が販売すると売れて、私だと買ってもらえないんだろう？　言ってることが同じなら、結果も同じはずだ」と、店長と自分を比べて真剣に悩んでました。

そこで、考えて、考えて出した答えが、**「同じ言葉でも、お客様は言う人次第で言葉の**

解釈が違う」ということです。もっと言えば、お客様は販売員で、買う・買わないを決めているということなのです。

当たり前ですが、私が言った「買っておいて、間違いないですよ」と、店長が言った「買っておいて、間違いないですよ」では、言葉が同じでも重みが違うわけです。

言葉に重みを出させるには、自分の価値を上げる必要があります。商品価値を上げる以上に、自分自身の価値を上げないといけません。

それに気づいた私は、自分のさりげない売り込みをはじめたわけです。自己価値アップのトークです。

例えば、

●商品愛を語る（例↓呉服屋だったら、着物愛。アパレルだったら、洋服愛）

●自分の販売ポリシーを語る（例↓「私は、後々『買って良かったわ』と言われる着物をおすすめしたいんです」）

●自己分析を語る（例↓「私、すぐ顔に出てしまうんですよ」）

それ以外にも、役職を持たない自分に、店長にお願いして「商品担当チーフ」という肩書きも作ってもらいました。

商品価値の前に自分の価値を上げる。自己価値が上がれば言葉に重みが付くと思ってやってみたのですが、予想は当たっていました。私の売上は、一気にうなぎ上りになっていきました。

もちろん、中身のない自分にメッキをすることを自己価値アップとは言いませんし、背伸びして誇張した嘘の自分を見せてもお客様にはバレてしまいます。

自分の価値を上げずに、お客様が聞いてくれないと嘆く販売員をよく見かけます。そのような方は、**自分と向き合い、自分の「売り」を見つけ、その自分をプレゼンしてみてください。**絶対に受け手であるお客様の反応は変わっていきます。

商品愛や販売への考え、自分のこと、自分の想いを語ってみたらどうでしょう？　商品価値が上がらないのは、まずあなたの価値が上がっていないからかもしれません。

Road to Executive

一流は、自分の価値が上がるトークをする

☑ 自分自身に権威付けをする

売る力

三流は、商品の魅力で売り、
二流は、商品の知識力で売り、
一流は、何で売る?

私の実家は、小さな町の路面の婦人服店だったのですが、8000人しかいない町だったので、扱っている商品は婦人服だけでなく、肌着や下着、ちょっとしたジュエリー、学生服や布団など、それこそ、衣料に関するものならなんでも置いてありました。

そこで私の母は、なんと1億円もの売上を上げていたのですが、私はいつも不思議に思っていたことがありました。

それは、お客様招待の総合展示会をすると、婦人服以外にも高級布団やジュエリー、一部呉服に至るまで展示するのですが、私の母親は知識がなくとも、なんでも売ってしまうことです。問屋が協賛で持ってくるものまで売っていました。

しかも、各メーカーから専門店員が応援販売に来ていても、その店員よりも圧倒的に売ります。応援販売の店員より知識はなくとも、どんどん売っていきます。

お客様は、母がすすめるから買っているのです。

私はそのとき、思ったのです。「商品の知識」が販売の決め手ではないんだなと。

お客様は母にすすめられると、いつもこう言って買われるのです。

「幸子さん（母の名前です）がすすめるなら、間違いないから、買っておこうかしら」

「母がすすめるから、間違いない」。この言葉こそ、なんでも売れる秘密です。

例えるならば、ＢＥＡＭＳなどの有名セレクトショップに、名も知らないブランドの商品があったとしても、気に入ればお客様は安心して買っていきます。

それは、なぜか？

お客様はＢＥＡＭＳが選んだ商品だからです。言い方を変えれば、「ＢＥＡＭＳのお墨付きだから、間違いない！」と信じて買うということです。

この心理の田舎の店バージョンが、私の母親だったと言えばわかりやすいでしょうか。

私は今になって思うのですが、**お客様は誰がすすめるかで、商品を買うか、買わないかを決めています。**

よく「売れないのは、商品に魅力がないからだ」という言い訳を聞きます。確かに商品の魅力は大切です。しかし、その商品を魅力的にするという役割を常に販売員は担っているのです。

商品に魅力がある・なしではなく、販売員自身がブランドになり、「この人が言うなら間違いない」という存在になれば、いいのです。そうしたら、それこそなんでも売れていくのです。

一流の販売員は、この人が言うなら間違いないという信頼を築き、どんな商品もお墨付きにしているのです。

Road to Executive

一流は、自分のブランド力で売る

☑ 自分のお墨付きで商品を売る

お礼

三流は、買っていただいたときに言い、
二流は、感謝を伝えるときに言い、
一流は、どんなときに言う？

私は、一流と言われる販売員は、誰もがやらないようなことをやっているのではなく、二流、三流が、見落としがちな当たり前のことを徹底的にやっているというイメージを持っています。

いきなりですが、「ありがとう」という言葉、あなたはどれくらいの頻度で使っていますか？　私は、「ありがとう」という言葉が、最も美しくも、素晴らしい意味合いを持つ日本語だと思っています。これだけ、短くもはっきりと感謝の気持ちが伝わる言葉って他にはありません。

そして、語感だけではなく、接客や仕事はもちろん、日常で「ありがとう」という言葉が使えないシーンがないってところが、すごいと思っています。

なぜこんな質問をしたかというと、「ありがとう」と、言わない販売員は論外ですが、言えない販売員、最低限にしか言わない販売員がたくさんいるからです。

これは、すごくもったいないことです。私は、**「ありがとう」と言ったもの勝ち**だと思っています。

買っていただいたときだけに言うのが三流、感謝を伝えるときだけに言うのが二流、「ありがとう」が絶対に抜けず、癖にしているのが一流の接し方だと思っています。

「ありがとう」は、使おうと思えば、すべてのことに使える万能で最強のワードです。

例えば、

- お時間、ありがとうございます
- 早速、ありがとうございます
- お気遣い、ありがとうございます
- お足下の悪い中のご来店、ありがとうございますこんな風に対応されたら、誰でも嬉しくありませんか？

「ありがとう」は、言えば言うほど人間関係を良好にしていく、魔法の言葉だと思っています。使おうという意思があれば、すべてに使える魔法の言葉を駆使する、それこそが一流の販売員です。


最後に皆さんに質問があります。こんな素晴らしい「ありがとう」という言葉ですが、この「ありがとう」の反対語ってご存知ですか？

答えは、「当たり前」です。

私はこの質問をセミナーのときに必ずするのですが、答えられるのは10人に一人くらいです。たいていは、「ごめんなさい」や「すみません」と答えます。

あなたが、もし「ありがとう」と言うことが習慣になっていないとしたら、それはあなたがいろんなことを「当たり前」と思っているからです。


一流の販売員が「ありがとう」を口癖にしているのは、すべてのことに「当たり前」と思わず、感謝しているからです。一流は、「ありがとう」を意識します。

Road to Executive

一流は、
すべてのことに
「ありがとう」と伝える

☑ どんなことにも感謝の気持ちを持つ

未購入客

三流は、暗い顔でお見送りをして、二流は、苦笑いでお見送りをして、一流は、どのようにお見送りをする？

「うまくいってるときは誰もが大差はない。差は、うまくいかなかったときに出る」

これは、何事にもよく言われる格言ですよね。この言葉は、一流か否かというたとえに、そのまま当てはまります。

以前、イチローさんが大スランプに陥ったときに、テレビで次のようなことを言っていたのをすごく思い出します。

「打席の7割は、失敗するわけですから、その7割の失敗にどう向き合うか、その差が、一流と二流の差です。私がスランプに陥っているということは、まだ、その失敗にしっかり向き合えていない証拠です。まだまだ、私は、一流なんかじゃないですよ」

イチローさんはそのとき、謙遜して自分は一流ではないと言ってましたが、イチローさんが一流であることは誰もが信じてやまない事実です。

私が、言いたいのはそこではなく、「7割（ほとんど）が失敗する。そこにどう向き合うか？」という点です。

これは、野球だけではなく、販売にも同じことが言えると思うのです。

販売でも、そのほとんどが、振られます（苦笑）。私の手元にデータはないのですが、私が経験してきたアパレル販売だと、9割は振られるんじゃないでしょうか。買い上げ率は1割ぐらいでしょうか。

ゆえに、**9割の買っていただけなかったときにどう対応するか、その差が一流と二流の差なのです。**

私は数多くの販売員を見てきましたが、通常の販売員の場合、買っていただいたお客様には満面の笑みでお見送りしているのですが、買っていただけなかったお客様には暗い顔でしかお見送りできていません。三流の販売員は「売れなかった」と悔やんでしまい、二流はすぐにその場で「何が悪かったんだろう？」と反省してしまうのです。

私が、社長時代、自分のお店に出向き、遠くからお客様のお見送り方を見てると、「あー、あの販売、ダメだったんだな」と、販売員の表情を見ているだけで、すぐわかりました。

しかし、私が見てきた一流の販売員は違いました。**遠くで見ていても、販売が決定しているのか、断られているのか、販売員の対応を見ていても区別がつかない**のです。

ようするに、買っていただけなかったお客様にも、買っていただいたお客様と同じ対応をしているのです。笑顔、テンション、丁寧さにおいて、買われなかったお客様にも、同じ対応ができている。それが、一流なのだと私は思います。苦笑いでもいけません。

お客様は、断ったときの販売員の対応に、その人の本質を見ています。断られて低いテンションになる販売員はやはり売りたいだけの人だったということがわかりますし、逆に明るく対応してくれる販売員は本当に親身になってくれていたんだとわかるからです。

下心があるかないかは、最後の最後に見えるものです。最後の最後も明るく見送る一流販売員のいるお店に、お客様が再来店するのは必然なのです。

Road to Executive

一流は、買っていただいたときと同じように明るくお見送りする

☑ 来店してくれたことに感謝する

笑顔

三流は、いつも笑顔がなく、二流は、お店の中での笑顔は感じが良く、一流は、どのよう？

まったくの私論ですが、「一流とは、仕事という枠を壊した思考で仕事をする人」だと思っています。ただ、「仕事の枠」と言っても、そんな難しいことではなくて、ちょっとした日頃の心持ちという意味です。

先日、郊外型のショッピングモールに仕事で行ったときのことです。アパレルショップでコートを見ていたら、ニコニコした感じのいい男性販売員がやってきて、接客をしてくれました。

「どこから、来られたんですか？」とか「急に寒くなりましたもんね！」と、とかく愛想が良く、人の懐《ふところ》に入り込むのがうまい販売員だなぁと、私は感心していました。

結局、私は何も買わずにお店を出たのですが、最後まで笑顔を絶やさず見送ってくれたのです。ですから、すごくいい印象のままお店を出たわけです。

その後、私は施設内のコンビニに行って買いものをしたのですが、お店を出ようとしたとき、なんとさっきの男性販売員が手に財布だけ持って入ってきたのです。

そこで私はさっきと同じノリで「さっきは、どうも」と笑顔で一声かけました。しかし、彼はこっちを見たあと、無愛想な強面でちょっと頭を下げて無言で通り過ぎていってしまいました。

私は**接客のときの対応と、今コンビニですれ違った強面の対応が別人すぎて、唖然としてしまいました。**店内での接客があまりに素晴らしかったこともあり、二面性を強く感じたのです。

確かに販売員には、オンとオフの切り替えが大切です。まして、コンビニ内では客と販売員という関係はないのですから、休憩中（オフ）まで愛想を振りまく必要なんてありません。私自身、接客という仕事は、オフに仕事を忘れることも必要だと思っているので、まったく責めるつもりはありません。だから、彼は、職務違反をしているわけでもなく、販売員失格な行動をしたわけでもないです。

ただ、お店での販売員としての立ち振る舞いは申し分がなかったので、お店という枠を外れてもお客様の立場で考える思考を期待してしまったのです。

しかし私は、店外でもお客様からの高評価を受ける方こそ一流ではないかと思うのです。

私の母は洋服店を経営していたのですが、お店の中での立ち振る舞いと、スーパーで買いものの際に出会ったお客様との接し方に1ミリも違いはありませんでした。確かに、商店主と比べるのは無理があるかもしれませんが、本来、客仕事ではそうであるべきことが理想です。

もし、お店という概念を壊し、店外でもお客様視点を維持して同じ笑顔を出せたなら、彼はさらにステージを上げられると私は信じています。

お店という枠にとらわれずお客様に寄り添う気持ちこそが、一流になるためには必要です。ぜひ、一考してください。

Road to Executive

一流は、お店の外でもお店での笑顔を振る舞える

☑ お客様に外であったら丁寧に対応する

ネサンス・コミュニケーションズ・クラブからのお知らせ

講演・セミナー、売れる店舗づくり、スタッフ育成などのご相談に対応いたします！下記が主なメニューとなりますが、ご希望に沿った内容を組立いたします。
人数（２名～ 300 名程度まで）・内容・金額等、お気軽にお問い合わせくださいませ。

● **接客・販売力育成セミナー**
新人から、ベテランまで。物販・サービスのお仕事なら業種は問いません。

● **新人店員教育セミナー**
新入社員ふくめ､入社３年前の店員に､接客とはをわかりやすく､理解していただきます。

● **高額品販売員育成セミナー**
高級ブティック、百貨店、呉服、宝石、車ディーラー等、高額品販売に「大切なこと」をお伝えします。

● **店舗運営コンサルタント**
３名ほどの店舗様～上場企業様まで、店舗運営に対する様々なご相談に応じます。

● **接客コンサルタント / 新人教育コンサルタント**
店舗における問題点をヒアリングと現場から抽出し、仕事の本質から個別による売上の作り方まで、アドバイスいたします。

● **後継者育成コンサルタント**
社長の後継者候補の方に、リーダーシップや現場分析力、人間力等、リーダーが持つべき能力をアドバイスいたします。

お問い合わせは、下記までお気軽にお問い合わせください

★メール shibata@lily-c.jp
★ホームページ http://www.naissance-c.club/

◎ **柴田昌孝の接客・販売ブログ**
https://ameblo.jp/shibamasa0119/

■著者略歴
柴田　昌孝（しばた　まさたか）

ネサンス・コミュニケーションズ・クラブ代表。
店舗運営コンサルタント、セミナー講師、心理カウンセラー。

富山県出身。洋装店の長男に生まれる。大学卒業後、業界1位の呉服チェーン『やまと』の全国トップ販売員を経て、地元で家業の洋装店を継ぐ。路面1店舗を、販売力を武器に10年で42店舗、150名、年商30億の専門店企業に成長させる。

その販売ノウハウは多くの業界誌で紹介され、販売セミナーの人気講師としても活躍。ネッツトヨタ、NTTドコモ、SHIBUYA109、ワールド、オンワード樫山、イオンモールなど多数の有名企業から、小さな街の商店まで、地域、規模、業態を超えて支持される。服飾専門学校でも、講師として長年、学生に販売を指導する。

2017年、大病を患い、活動を休止。復帰後、店舗運営コンサルタントして、企業支援、繁盛店プロデュース、講演、セミナー、執筆、雑誌連載、心理カウンセラーとして全国で活躍中。

現在『月刊ファッション販売』（アールアイシー）、『月刊製菓製パン』（製菓実験社）の老舗業界誌に人気連載をもつ。
著書に『接客の鬼100則』（明日香出版社）など多数。著書の累計発行部数は、10万部を超える。

柴田昌孝公式ホームページ
http://www.naissance-c.club/
研修・講演・コンサルティングのお問い合わせ
shibata@lily-c.jp

本書の内容に関するお問い合わせは弊社HPからお願いいたします。

販売《はんばい》の一流《いちりゅう》、二流《にりゅう》、三流《さんりゅう》

2021年　4月　20日　初版発行

著　者　柴《しば》田《た》昌《まさ》孝《たか》
発行者　石野栄一

〒112-0005 東京都文京区水道2-11-5
電話（03）5395-7650（代表）
（03）5395-7654（FAX）
郵便振替 00150-6-183481
https://www.asuka-g.co.jp

明日香出版社

■スタッフ■　BP事業部　久松圭祐／藤田知子／藤本さやか／田中裕也／朝倉優梨奈／竹中初音
BS事業部　渡辺久夫／奥本達哉／横尾一樹／関山美保子

印刷　株式会社文昇堂
製本　根本製本株式会社
ISBN 978-4-7569-2140-6 C0034

編集担当　久松圭祐

思わず買いたくなる！
女性の心をつかむ接客

鈴木 比砂江 著

ISBN978-4-7569-2024-9
本体 1400 円＋税　B 6 判　224 ページ

マーケティングでは、購入決定権の８割が女性が握っていると言われている。女性特有の購買心理･考え方、行動に基づいた接客方法を、ルイ･ヴィトンで実績をあげ、３万人以上の販売員に指導してきた著者が教える。女性が喜ぶ会話テク、リピーターを生み出すノウハウ等一挙公開。

「売れる販売員」と「ダメ販売員」の習慣

内藤 加奈子 著

ISBN978-4-7569-1590-0
本体 1400 円＋税　B 6 判　236 ページ

おもしろく話しているつもりなのになぜか場が盛り上がらない、真剣に話をしても信用されない、どうしても会話が続かないなどの悩みを解決します。コミュニケーションスキルを高める方法を、成功する人と失敗する人の対比から学ぶ会話術です。

接客の一流、二流、三流

七條 千恵美 著

ISBN978-4-7569-1864-2

本体 1400 円＋税　B 6 判　224 ページ

日本航空（JAL）で、客室乗務員としてお客様・会社から最高の評価をうけ、さらにサービス教官として 1000 人以上を指導された実績を持つ著者が、一流の接客者になるための考え方や心構え、対応力などを紹介する本です。